第三章　大阪の放課後施設と生活

おわりに　豊かな放課後施設とは？

JN122933

第一章　放課後施設の今

1　遊んでいない子どもたち

２０１９年５月30日付の毎日新聞にて「小学生７割外遊びせず」というショッキングな見出しが目に飛び込んだ。千葉県千葉市と宮城県気仙沼市に住む児童２９８６人を対象に、平日の放課後の遊びについて調査(1)したところ、小学生の７割以上が全く外遊びをせず、１割以上が遊ぶ友達がいないとの結果であった。なぜ外遊びをしていないのか。背景には、放課後に習い事があることや室内ゲーム遊びが常態化していること、さらに禁止事項や老朽遊具の撤去により公園の魅力が失われていること等が挙げられ、「外に友達がいないから出る理由がない」という声もある。

近年子どもを取り巻く状況はめまぐるしく変化し、放課後生活にも影響をもたらしている。２００３年および２００６年のＰＩＳＡショック(2)を契機に旧学習指導要領（２０１１年施行）より「脱ゆとり

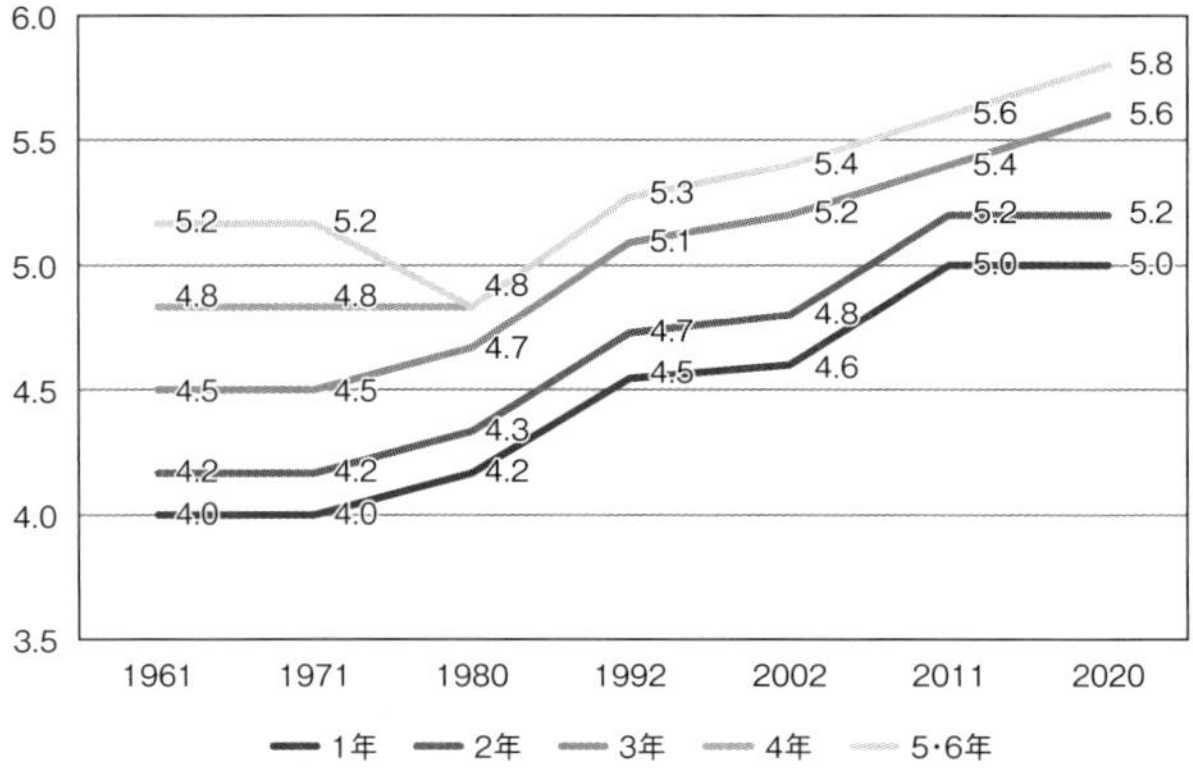

文部科学省資料を基に筆者作成

図 1-1　週あたりの授業時数の変化

教育」へ方針転換し、現学習指導要領（２０２０年施行）ではさらに授業時間数が増加して1年生でも毎日5限まで授業がある（**図1－1**）。

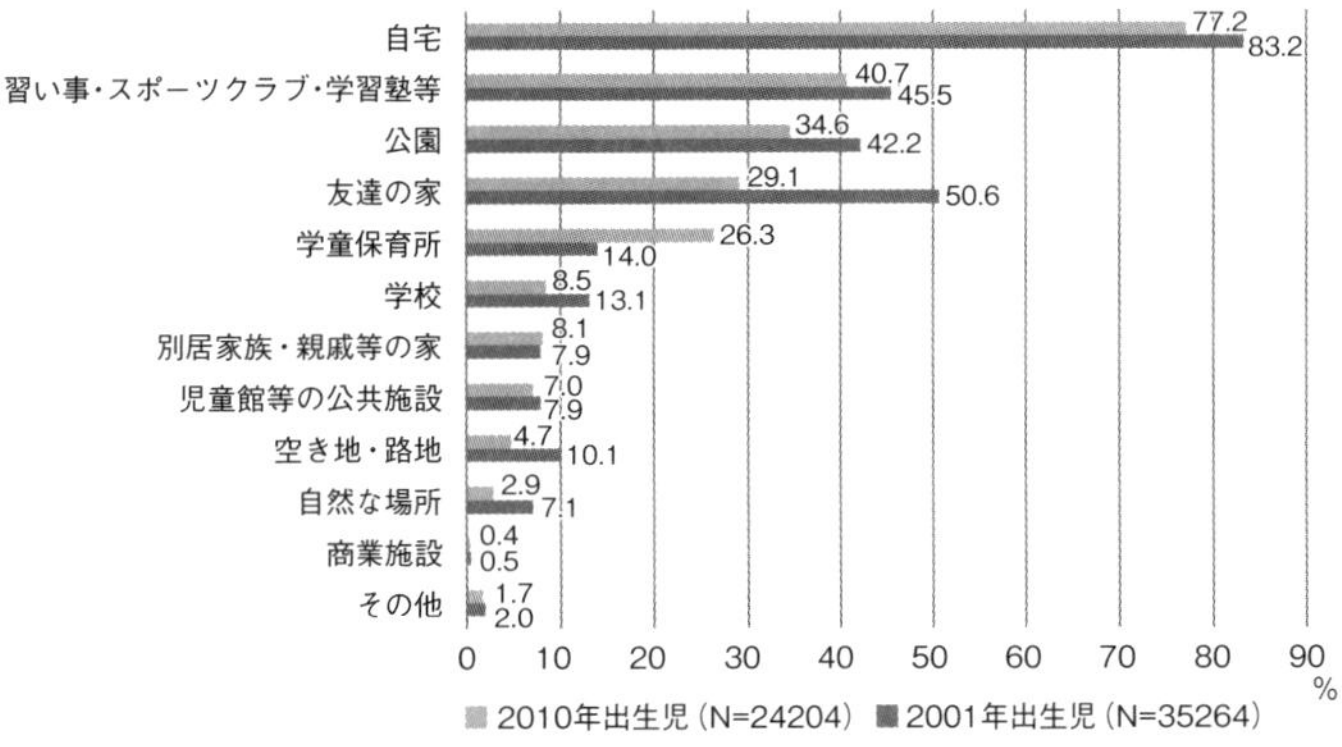

厚生労働省「21世紀出生児縦断調査」を基に筆者作成

図 1-2　放課後に過ごす場所の変化

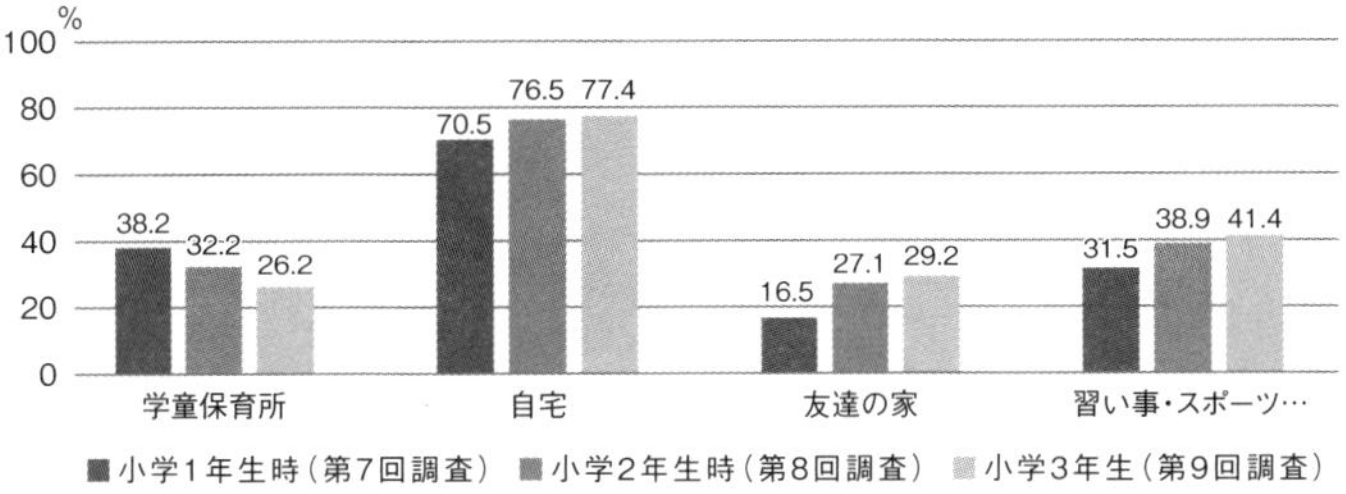

厚生労働省「21世紀出生児縦断調査」を基に筆者作成

図 1-3　学年別にみた放課後を過ごす場所

一方、第9回21世紀出生児縦断調査（平成22年出生児）[3]によると、習い事をしている小学3年生は9割近くおり、学年が上がるにつれて習い事をする子が増える。放課後に過ごす場所を複数回答で尋ねた結果、最も多いのは「自宅」であるが、自宅外も一定あり「習い事・スポーツクラブ、学習塾等」「公園」「友達の家」「学童保育所」がそれぞれ3〜4割を占める（**図1－2**）。一方「学校」「児童館などの公共施設」は1割に満たず、空き地や原っぱ、海岸などの「自然な場所」は皆無に等しい。10年前と比較すると「友達の家」や「公園」は大きく減少し、代わりに大幅に増えたのは「学童保育」であり、1年生では4割近くいる（**図1－3**）。

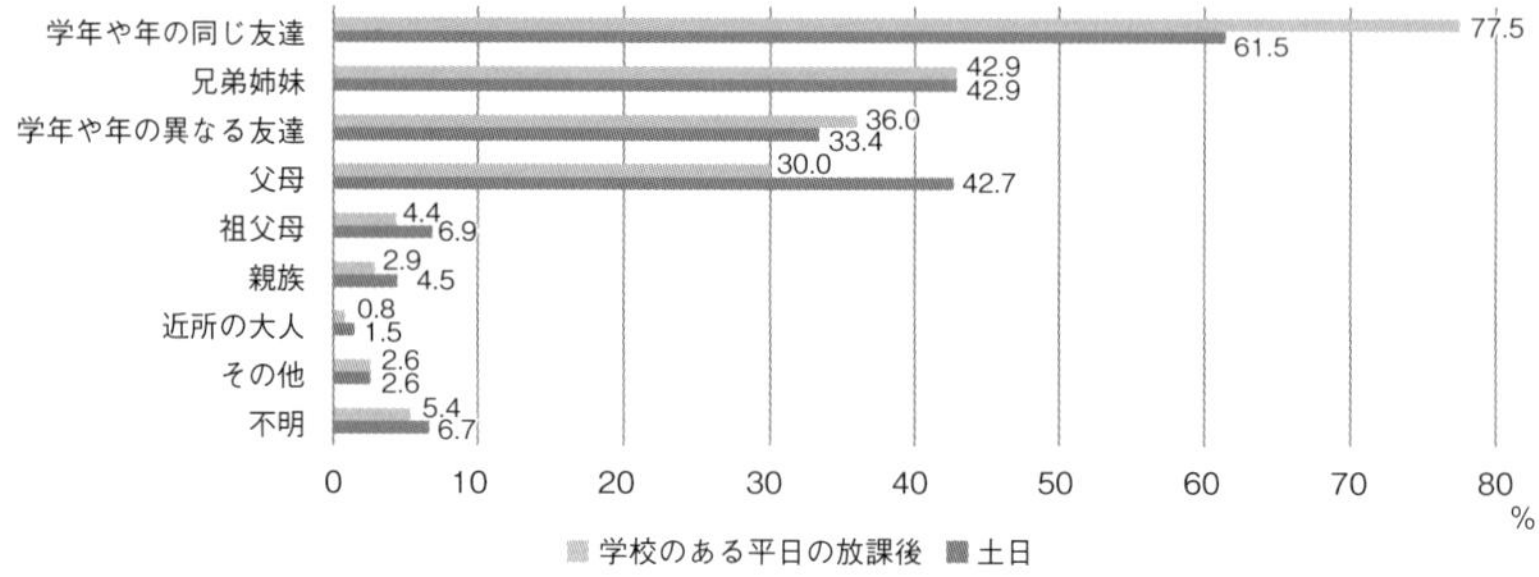

文部科学省委託「地域の教育力に関する実態調査」を基に筆者作成

図 1-4　一緒に過ごす相手

学校が終わるのが遅くなり、家庭生活を含む放課後の時間が短くなる中、習い事や学童保育の予定がスケジュール化され、授業時間数の増加に伴い宿題も増え、子どもたちはこれまでにないほど忙しい生活を送っている。学校が終わってから自然と公園に集まって遊ぶという光景は今日では珍しく、放課後に遊ぶ時は友達の予定を確認し約束してから遊ばなくてはならなくなっている。

放課後を過ごす相手にも変化がみられる。文部科学省が行った地域の教育力調査（２００５）[4]によると、放課後に一緒に過ごす相手は同年齢の友達や家族が多く、家族以外の異年齢の友達との交流は少ない（**図１−４**）。友達と遊ぶ時には公園・原っぱ・空き地等で遊ぶが、ひとりで過ごす時は自宅が多い。人や自然との触れ合いが少なく限定的な人間関係の中で放課後を過ごしている。

長年にわたり子どもの遊び環境の調査と建築・デザインに携わってきた建築家の仙田満氏は、著書[5]の中で、遊び環境悪化のメカニズムについて述べている。「遊び時間がないから友達がつくれず、難しい遊びや複雑な遊びができない。短時間で簡単にできる遊びしか体験できないので遊び方法が貧困化してしまう。遊びの醍醐味や面白さが味わえず、熱中できない、そして遊びに対する意欲さえ失ってしまう」。「遊び集団が小さくなる、あるいはなくなることによって、大きな子どもから小さな子どもへ、おもしろい遊びの方法を伝えることができなくなり、遊びの方法が貧困化していく。そのために遊びの意欲がなくなり、

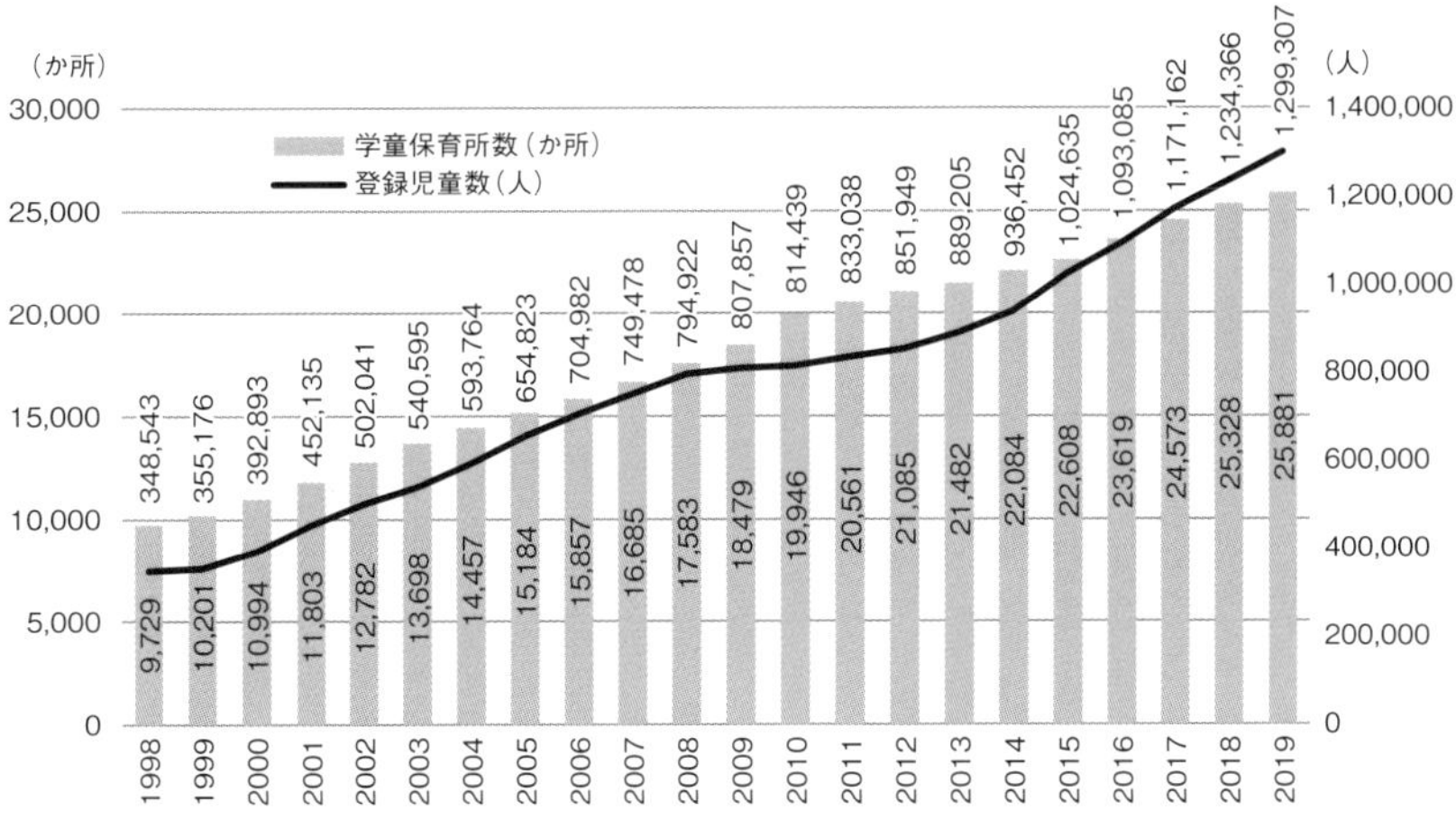

図 1-5　学童保育所数と登録児童数の推移

2019年厚生労働省調査を基に筆者作成

外遊びの時間がさらに少なくなっていく（一部表現を変更）」。

遊びの三間（時間、空間、仲間）の喪失や遊び環境の悪化が指摘されて久しいが、外遊びも異年齢の友達と遊ぶことも極めて少なくなっており、子どもの暮らしにおける遊びは危機的状況にある。

2　放課後施設は貴重な遊びと仲間づくりの場

このような放課後生活を送る中、今や学童保育所や児童館といった放課後施設は、そこへ行けば遊び仲間がいる貴重な場となっている。学童保育所とは、親が働いている時間を自宅の代わりに過ごす放課後の生活拠点であり、「第2の家庭」とも呼ばれている。法律上は「放課後児童健全育成事業」の名称が使われるが、「学童保育」「児童クラブ」などの通称で呼ばれることが多い。学童保育所では、自宅で過ごすのと同様に宿題をしたりおやつを食べたり、また体調が悪い時は静養したりもする。土曜日や長期休暇中には昼食も食べ1日過ごすことになる。小学生の母親の7割[6]が働く今日、学童保育連絡協議会の試算によると、学童保育所にいる時間（1633時間）は小学校にいる時間（1218時間）よりも長い。[7]共働き・ひとり親家庭にとって学童保育所はなくてはならない施設であり、社会インフラと言っても過言ではないところまできている。厚生労働省の調査[8]によると、2019年現在、学童保育所は全国に2万5881か所あり、130万人が利用している(**図1-5**)。運営形態は民営が多く(**図1-6**)、開設場所は小学校内が過半数を占め、児童館が10%、公的施設が13%あり、既存施設の転用が多い(**図1-7**)。

学童保育所を利用する低学年を対象に筆者らが行った生活時間調査[9](2004)で学年の異なる友達と遊ぶかを尋ねたところ、学童保育所以外では「よく遊ぶ」は14%に留まり、「ほとんど遊ばない」が56%あるのに対して学童保育所では「よく遊ぶ」が83%もあり「ほとんど遊ばない」はわずか2%だった(**図1-8**)。遊ぶ人数は学童保育所以外では「1~3人」が8割、「1人」も18%あるのに対し、学童保育所では「4人以上」が多い(79%)(**図1-9**)。

学童保育の歴史は長く、戦後1948年に大阪市の今川学園が留守家庭児童を預かったのが本格的な始まりと言われている。働く母親の増加を背景に学童保育は都市部から全国へ草の根的に広がり、少子化と核家族化の進行を背景に親たちの繰り返す運動の成果として1997年

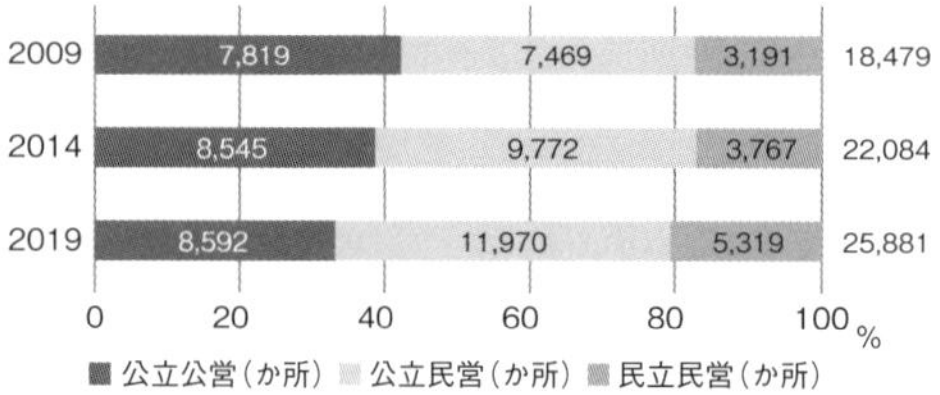

厚生労働省調査を基に筆者作成

図1-6　運営主体の内訳

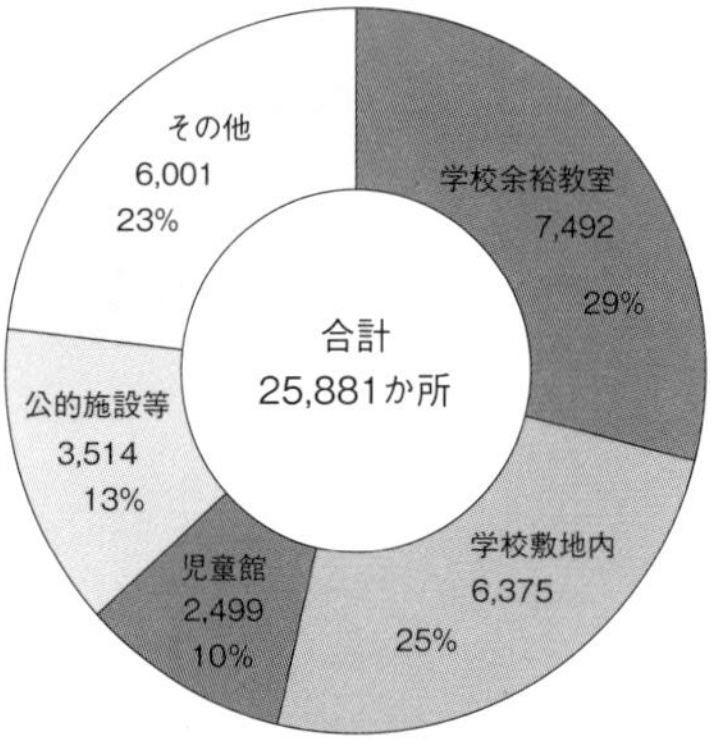

2019年厚生労働省調査を基に筆者作成
「公的施設等」は公的施設や公有地専用施設を指す

図1-7　開設場所の内訳

に児童福祉法の位置づけを得た。学童保育は現場のニーズに制度が後追いする形で発展してきた。法制化以降、施設数は量的に拡大したものの施設整備が追いつかず、１００名を超える大規模保育が現れ、事故報告が相次ぎ、社会問題としてクローズアップされた。その後、保育の質の向上を目指したガイドライン（２００７年）を経て、２０１４年に設置運営基準が定められた段階である[10]（**表1-1**）。

近年、小学生を対象とする放課後の居場所づくりは多様化している。学童保育の整備が進む一方、国は地域コミュニティ創生による地域教育力の向上を目指し、全ての子どもが安全・安心して放課後を過ごす居場所の確保と、地域と学校が協働して取り組む活動（「地域学校協働活動」）を推進している。「地域学校協働活動」の一事業である「放課後子供教室」は、全ての小学生を対象に学習や体験、交流といった多様な学習・体験プログラムを提供する事業で、主に小学校を活用しており、学童保育との類似点が多い（**表1-2**）。ただし「放課後子供教室」は、おやつの提供がない、スタッフが入れ替わる、来所してもしなくてもよい等、学童保育とは内容も役割も異なる。さらに近年、学童保育に新たなサービスを付加した高付加価値型学童保育が現れている。その多くが民間事業者によるものであり、英語、ピアノ、ダンスといった学習プログラムに加え、長時間の預かりや送迎、食事の提供をするものである。利用者のニーズに基づいてサービスを提供し、月額数万円の利用料がかかるケースが多い。

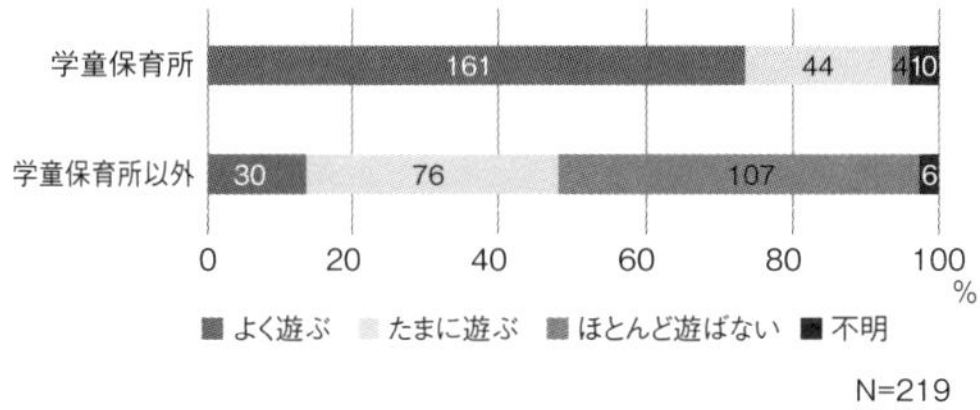

図 1-8　異年齢遊び

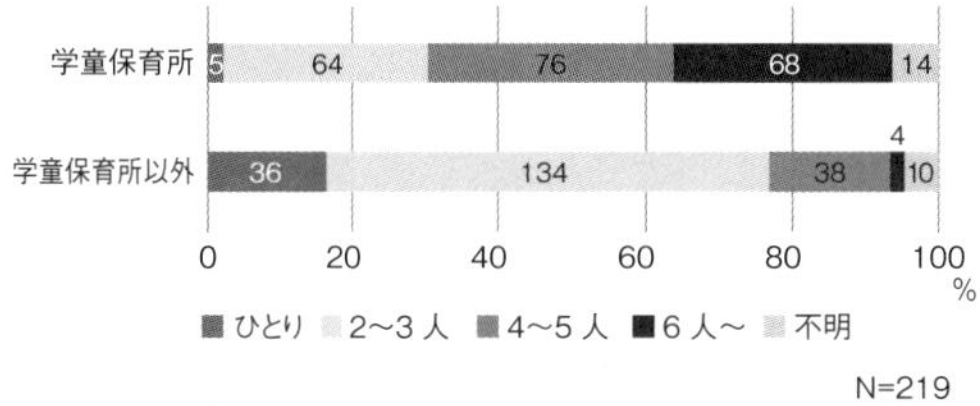

図 1-9　遊び仲間の規模

表 1-1　学童保育の最低基準（2020.3 時点）

職員：支援の単位ごとに「放課後児童支援員*1」を 2 名以上配置。ただし 1 人を除いて「補助員」で代替可。*2

設備：遊び・生活の場としての機能、静養するための機能を備えた部屋・スペースを備えた「専用区画」を設置。児童ひとりにつき概ね 1.65㎡

集団規模：「支援の単位」を構成する児童数（集団規模）は概ね 40 人以下。

開設日数：原則 1 年につき 250 日以上
土日・長期休暇中　原則 1 日につき 8 時間以上
平日　原則 1 日につき 3 時間以上

「放課後児童健全育成事業の設備及び運営に関する基準（2014）」を基に筆者が作成

*1　「放課後児童支援員」の資格要件は、①保育士・社会福祉士、幼稚園教諭等の有資格者または社会福祉学の修了者、または、② 2 年以上の実務経験者であり、かつ都道府県が実施する所定の研修を修了した者。
*2　当初、職員の基準は「従うべき基準」であったが、人手不足を理由に「参酌すべき基準」と変更され、規制緩和された（2019）。

表 1-2　学童保育の位置づけ

	放課後子供教室（地域学校協働活動推進事業の一部）	放課後児童クラブ（放課後児童健全育成事業）
主管	文部科学省	厚生労働省
根拠	社会教育法	児童福祉法、社会福祉法
目的	安全な活動場所（学習・体験活動・交流）	生活及び遊びの場、保護者の就労等保障・子育て支援
対象	全児童	留守家庭児童
実施場所	小学校、公民館等	小学校、児童館、専用施設、民間施設等
スタッフ	変動	固定
メンバー	変動	固定
おやつ	なし	あり
利用料	無料（保険代のみ）	有料（保険料、おやつ代、保険代等）オプション（有料）で延長保育あり。
対応	来所しなくても連絡しない	来所しなければ連絡する
	活動場所以外では所在把握しない	保護者にこどもの様子を伝える
位置づけ	来たい子が来て好きな時に帰る遊び場	家の代わりに帰る場

3　子どもを囲い込む放課後施設

子どもが巻き込まれる犯罪や事故の報道が増え、体感不安が高まる中、安全・安心な居場所確保の動きが高まっている。登下校を集団で行い、親や高齢者による交通当番、安全パトロール、見守り隊はずいぶんと見慣れた光景となったが、その反面、子どもがひとりで地域を移動することは少なくなりつつある。放課後対策として自治体が取り組む放課後施設では、一般的に安全管理や防犯対策の観点から一度退出すると戻れないルールを適用しているケースが少なくない。習い事や通院の予定がある日や学校の友達と遊びたい時は、あらかじめ連絡して放課後施設を休まなければならない。これらの居場所の安全性については一定評価できるものの、子どもの活動範囲を制限するといった問題をはらんでいる。地域との関わりが希薄化したり、地域社会で得ていた多様な経験の機会喪失につながるのではないかという懸念などである。過度に安全管理が重視された居場所に子どもたちを囲い込むのではなく、放課後施設を「放課後拠点」として捉え直し、地域の大人が見守る中、子どもたちが自発的な遊びを展開できるように地域環境を整備していく視点が必要ではないだろうか。

文部科学省の委託調査(4)によると、保護者に対して地域の子どもとの関わりについて尋ねた結果は、「道で会ったとき声をかける」は「積極的にしている」と「時々している」を合わせると85％あり、「悪いことをしたので叱ったり注意する」「良いことをしたので褒めたりご褒美をあげる」も、「積極的にしている」と「時々している」を合わせると過半数に及ぶ（**図1－10**）。一方、子どもに対して地域の大人との関わりについて尋ねた結果で過半数を超えていたのは「近所の人に道で会ったときに声をか

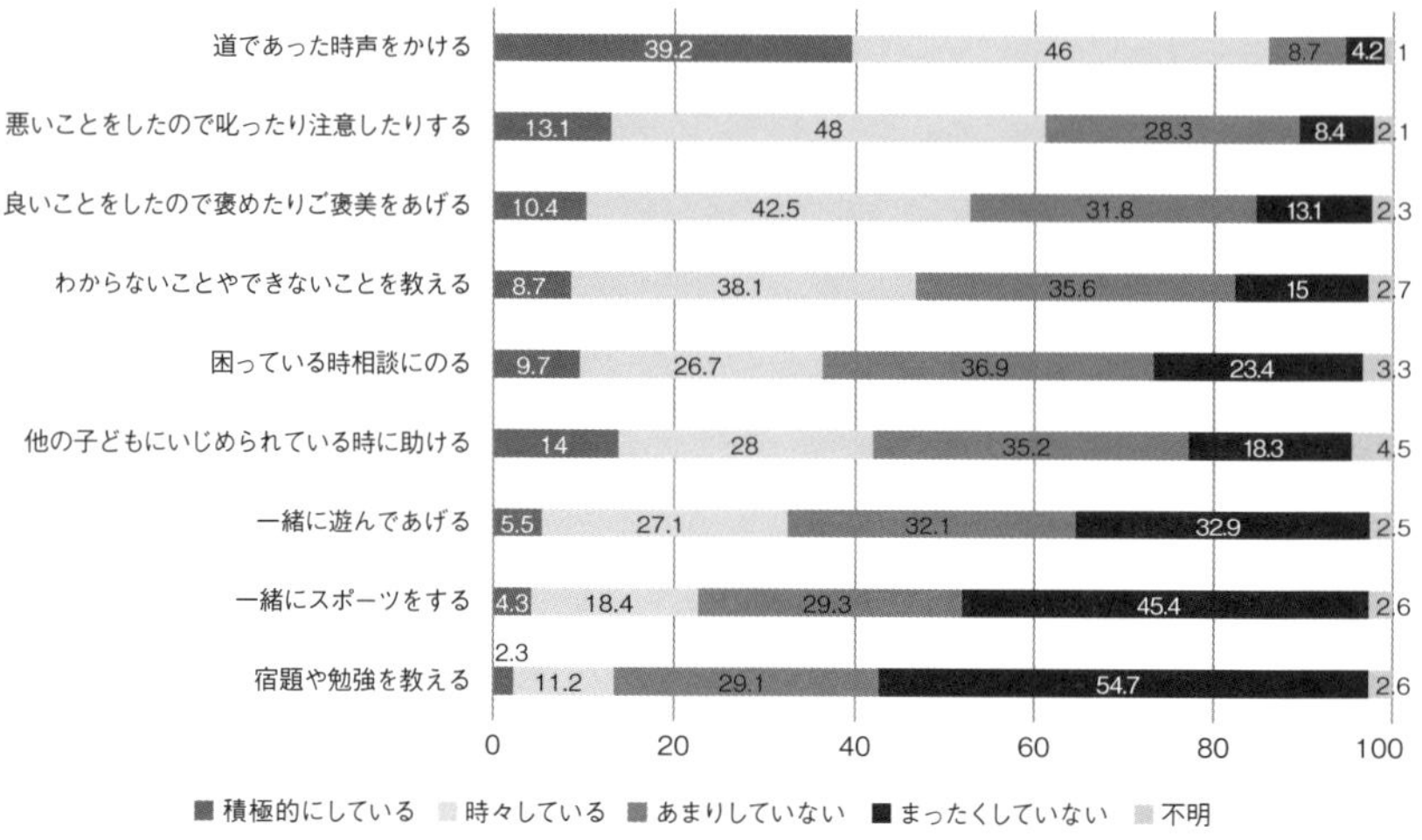

文部科学省委託「地域の教育力に関する実態調査」(2005) を基に筆者作成

図 1-10　大人の地域の子どもへの関わり

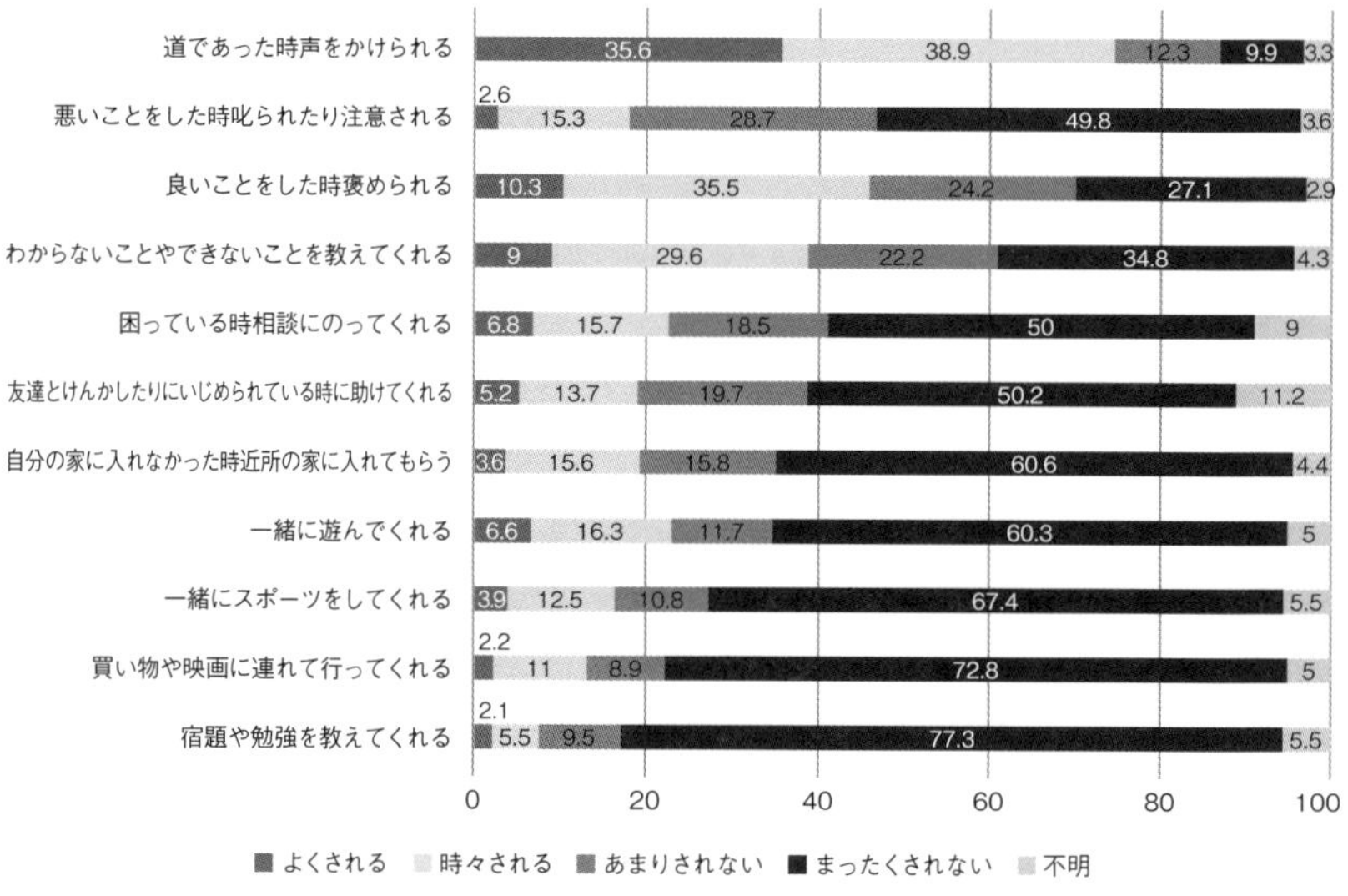

文部科学省委託「地域の教育力に関する実態調査」(2005) を基に筆者作成

図 1-11　子どもの地域の大人への関わり

けられる」で、「よくされる」と「時々される」をあわせて75％だった（図1―11）。保護者と子どもの間の認識にズレがあり、地域の大人と子どもの関わる機会は大人が思っている以上に少ないのかもしれない。

4　本書の意義と構成

本書の主題である「放課後対策」は世界的にも関心が高まっているテーマであるが、「放課後」の時空間を取り扱った統計は少なく、研究者も少ない。放課後は「学校の後」や「学校と家庭の〝はざま〟」に位置するが、単に学校と家庭の「つなぎ」の時空間ではない。本来、学校から出た放課後（学校外の時間）とは、課業から解放された時間であり、地域社会を舞台に子ども本人の自由意思によりやりたいことにチャレンジして地域社会の人やものと関わって学ぶ貴重な時空間である。ところが近年、放課後施設が子どもたちを囲い込む形で整備され、同時に子どもが地域空間を自由に移動することがしづらく、自らの意思で遊ぶ相手や場所、内容を決めたり、あるいはその時の気分で過ごすといったことが難しくなっている。大人に許可をとって遊んだり、大人が遊びの内容を決めることも増えている。

アメリカの心理学者ピーター・グレイ氏は、著書の中で[11]、学校教育への比重の高まりと監督者なしの遊びは危険であるという大人の意識の高まりによって50年を経て生育環境から自由な遊びが失われつつあることに警鐘を鳴らしている。かつてアメリカでも近隣を自由に歩ける時代があり、時間帯によらず大人の監視なしにたくさんの子どもが外で遊んでいた。自由な遊びは、遊ぶ本人たちが何をどのようにするかを決定し、遊ぶ過程で目標やルールを変更する自由をもち、社会的・感情的発達を促すとともに自分の才能や好みを発見する重要な役割を持つ。ところが今、子どもを外で見かけるのはユニフォームを着て大人のコーチの指示に従っている姿であり、大人が指示して取り組む課題が遊びにとって替わろうとしている。

こうした状況を踏まえ、子どもが安全かつ自由に地域空間で遊んだり移動できるように、子どもの生育環境である地域を見直し、再構築していくことが必要であると思い、本書の執筆に至った。以下、本書の第2章では、市民や利用者の声を反映し、高い税負担の対価として市主導により地域施設整備が進められているフィンランド・ヘルシンキ市を取り上げ、放課後施設と子どもたちの生活を紹介する。日本とは社会システムも文化・思想も異なるが、子どもが地域で育つことを重視しており、日本の放課後施設を考え直すきっかけになると考え、取り上げた。第3章では、父母が共同保育を行う大阪市の学童保育の実践に注目し、地域の中で放課後を過ごす子どもたちの姿を描き、まとめへとつなげたい。

第二章　フィンランド・ヘルシンキ市の放課後施設と生活

1　なぜ、フィンランドなのか

フィンランド共和国（以下、フィンランド）は、国土面積33・8万㎢（日本の0・9倍）、人口550万人（北海道や兵庫県の人口と同程度）の自然豊かな小国である。国土の7割が森に覆われ、湖・河川が1割を占める。2017年に独立100年を迎えた若い国であり、首都ヘルシンキ市を含む首都圏に130万人（全人口の4分の1）が集中する国際都市である。

なぜ、フィンランドの子育て環境に注目するのか。第一に、働きながら子育てすることを前提とした社会システムが構築され、利用者のニーズに基づいて教育・育児支援が行われていることが挙げられる。フィンランド統計局[12]によると、2019年時点の25歳から54歳の労働率は男女共に73％～89％を推移しており、性別によらず働くことが一般的である。妊娠期から就学期、場合よっては青年期まで切れ目なく育児支援と家族支援を受けることができる「ネウボラ」（Neuvola）、社会保険庁（Kela）から贈られ、乳幼児期の育児用品が詰められた「育児パッケージ」（Äitiyspakkaus／Maternity box）、在宅育児の家庭を対象として公園で幼児を預かり遊んでもらえる「公園おばさん」（Puistotäti／Park aunties）などのユニークな取り組みがメディアで紹介され、日本でも導入する自治体が現れている。他方、就学

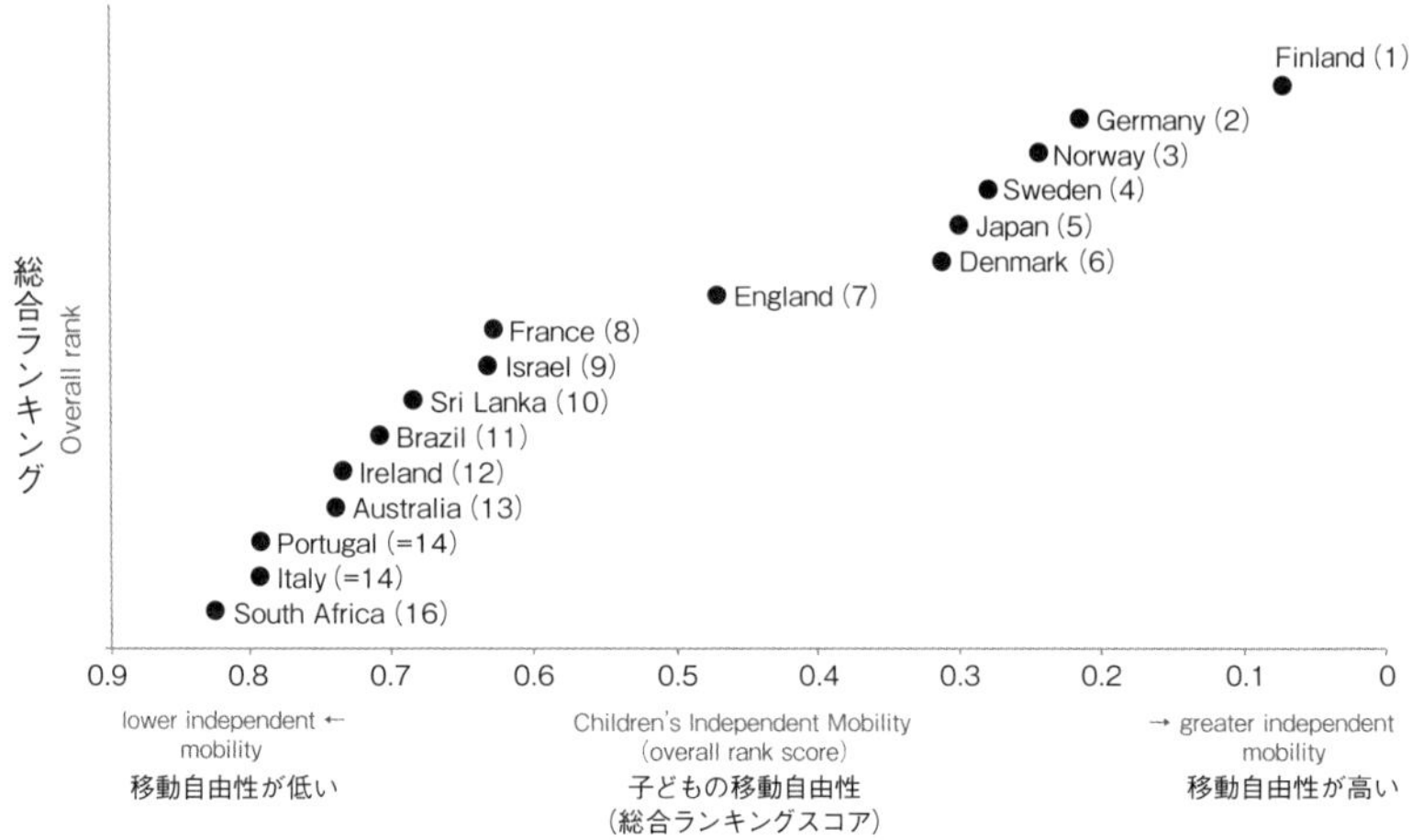

© Policy Studies Institute 2015. Some rights reserved.

Children's Independent Mobility: an international comparison and recommendations for action
ウエストミンスター大学建築・構築環境学部政策研究所
「子どもの移動自由性：国際比較と行動のための提言」（2015）より筆者和訳

図 2-1　移動自由性の国際比較

前教育では、幼児教育と保育が統合され、家庭状況に基づいて保育形態を選ぶことができ、自治体の責任で保育サービスを提供することが明文化されている。

第二に、社会教育・余暇活動が学校教育と同等に価値をもち、ワークライフバランスが浸透していることである。フィンランドの小学1年生（7歳児）は4時間授業であり、12時過ぎには学校が終わる。塾産業はほとんどなく、年間授業時間数も比較的少ないにもかかわらずPISA（学習到達度調査）では上位に位置している。学費は大学まで無料であり、国や社会が人を育てる仕組みになっている。さらに、教育分野へのICT導入が進んでいることから世界の注目を集め、視察者が絶えない。フィンランド式教育を他国へ輸出する動きもある。一方、余暇活動や学校外教育、生涯学習の制度が充実しており、語学や音楽・美術系講座、サッカーやアイスホッケーなどのクラブチーム活動がさかんである。

第三に、フィンランドは世界で最も子どもが自由に移動できる状況が整っている国であることだ。世界16か

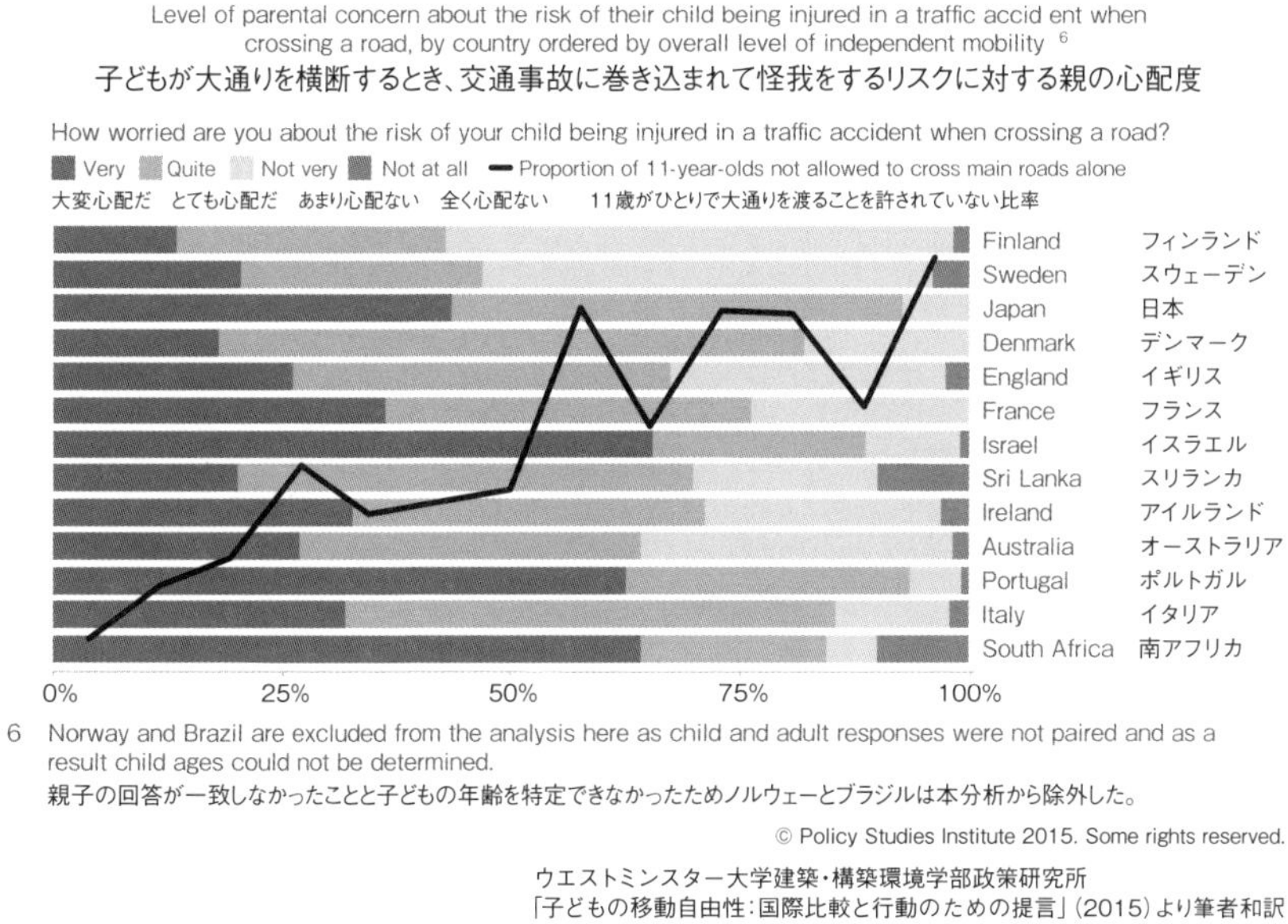

6 Norway and Brazil are excluded from the analysis here as child and adult responses were not paired and as a result child ages could not be determined.
親子の回答が一致しなかったことと子どもの年齢を特定できなかったためノルウェーとブラジルは本分析から除外した。

図 2-2　交通事故に対する親の心配度

国が参加する子どもの移動自由性に関する国際比較調査（2015年、**図2−1**）[13]によれば、フィンランドが首位で、北欧諸国が続き、日本は5位である。「移動自由性」を測る指標には「子どもだけで移動できる」「暗くなってからも出かけることができる」「子どもだけで自転車で移動できる」「大通りを渡ることができる」「公共交通を利用できる」等がある。「子どもにやさしいまちづくり」で世界的に知られる都市計画学者のマルケッタ・キュッタ氏によれば、「子どもがひとりで歩けるのは、安全な地域であるサイン」とのことである。フィンランドでは7歳で自宅周辺をひとりで徒歩や自転車で移動し、8歳ではひとりで学校から帰り、大道りをひとりで渡り、暗くなってからもひとりで出かけている。9歳では大通りを自転車に乗り、10歳ではひとりでバスに乗っている。フィンランドと日本の子どもがまちのどこで過ごしているかを捉えた調査[14]によると、日本の子どもは小学校周辺で過ごしているのに対し、ヘルシンキ市では、校区内外の森や海を含む様々な空間で過ごしている。

なぜこれほどまでに子どもだけで移動できるのか。都市計画学研究者のヴェラ・モル氏によれば、治安がよく、事故に巻き込まれる心配も少なく安全であることに加え、他者を信頼し、自立・自律を重んじるフィンランド独自の文化的価値観が背景にあるという。[15] 日本とは都市規模も人口密度も大きく異なるため比較するのは容易でないが、歩道や自転車道が整備され、まちなかでは車両に対する速度制限や交通違反に対する厳格な厳しい罰則があること、緑地・公園が連続して整備されていること、移民や旅行者でもわかりやすいシンプルな公共交通システムであることなど、歩行者・サイクリストを優先した都市計画も大きな要因であることを、現地生活を通して感じた。

以上の理由から、フィンランドの子育て環境を明らかにすることが日本の放課後施設を見直す契機となり、子どもが自由に移動できるまちづくりのヒントが得られると考えた。

2　レイッキプイスト ——公園は青空児童館

ヘルシンキ市に居住する子育て家族であれば誰もが知る子どもの遊び場に「レイッキプイスト」がある。レイッキとはフィンランド語で「遊び」、プイストとは「公園」を指し、つまり「児童公園」を意味する。ヘルシンキ市には市が管理する２００以上の遊び場があり、そのうち68か所あるレイッキプイストには屋内施設があり、約５名の職員が常駐している（**写真２−１**）。ヘルシンキ市の幼児教育保育部門が運営しており、平日は9時から17時までの7~8時間開館している。公園には広場や小プール、大型・小型遊具や砂場があり、冬には水をまいてアイスホッケーや雪遊びを楽しむ。屋内施設は「家族の家」（Perhetalo ／ Family house） と呼ばれ、キッチンや工作室、ソファや本棚、おもちゃのある部屋を備え、誰でも利用できる。閉館時である夜間や週末には、事前予約により子どもの誕生日会、住民の会議や活動のために有償で貸し出しされる。

平日の午前中には乳幼児連れの親子向けに活動プログラムが企画され、リトミック、マッサージ、体操の他、父親向け講座や移民向け講座が地域の実情に応じて開催される。活動プログラムへの参加を機に子育て家族や職員と知り合い、キッチンでコーヒーを飲みながらくつろいだ雰囲気の中で育児相談もできる（**写真2－2**）。広い空間があり、ボールや三輪車を無料で利用できるため近隣の保育所からもグループで利用者がやってくる。

午後になると学校を終えた小学生がやってくる。2～3小学校区から利用があり、自転車やキックボードで来る子もいる。リュックを置くや否や屋外で遊ぶ子もいれば、屋内で指導員とおしゃべりしたりソファで寝転んで静かに過ごす子もいる。学童保育が行われ、自治体へ登録した小学低学年には月額36・1€（約4500円）で軽食が提供される。筆者が訪問した時は、ライ麦パンの上にハムやチーズを乗せて食べていた。軽食を食べ終えた子から遊びを再開し、子どもがある程度集まったら集合して屋外で遊ぶグループと屋内でビデオ鑑賞するグループに分かれて過ごす（**写真2－3**）。閉館時間が近づくと子どもだけで帰る子もいるが、親が迎えにくるまで外で遊んで過ごす子もいる。幼い頃から利用する子にとっては馴染みの遊び場であり、レイッキプイストで知り合う親子もいる。

また夏季限定のユニークな取り組みに「青空ランチ」（Kesäruokailu ／Summer dining, Summer meal　直訳すると「夏の食堂」「夏のランチ」）がある（**写真2－4**）。フィンランドの小学生は、5月末から8月中頃ま

写真 2-1　レイッキプイスト（筆者撮影）

で3カ月ほどの夏休みがある。親の休暇は1カ月程度であり、家族でコテージで過ごしたり旅行に出かける他は、父母が交代して子どもをみるのだが、親がいない時はキャンプや水泳等の短期プログラムに子どもを参加させるなどして奮闘する。公園では16歳までの子どもたちに無償で昼食のスープが提供され、子どもたちは食器を持参してレイッキプイストに集まる。日本の「こども食堂」に似た、親がいない時に大助かりなサービスだ。

ヘルシンキ大学で教育保育を専門とするエヴァ・レーナオニスマ氏によれば、レイッキプイストは100年以上の歴史をもち、1998年に制度化された「朝・放課後活動」[16]に先駆けて学童保育の役割を担ってきた。1914年に、在宅育児の親子が運動不足になるのを防ぐため、体育教師らが公園で体操プログラムを始めたのがおこりだ。時代により運営形態は変化してきたが、利用者の声やニーズを反映して改良を重ね、現在の屋内施設付きの公園となった。公共公園であるため誰もが利用できる開かれた場であり、ヘルシンキ市が管理運営する地域の子育て支援・コミュニティ施設である。

写真 2-2　誰でも使えるキッチン（垣野義典撮影）

写真 2-3　屋内でビデオ鑑賞（垣野義典撮影）

写真 2-4　公園での昼食の提供（筆者撮影）

3 ユースセンター ――高学年の自由活動スペース

3年生になると留守番ができるようになり、自宅や友達の家で過ごす子もいるが、日本と同様に習い事に通う子が増える。[17] レイッキプイストでは学童保育の対象から外れるためおやつの提供がなくなり、代わりに「若者の家」と呼ばれるユースセンター（Nuoristalo ／ Youth center）で過ごすことになる。ユースセンターは市内に約60か所あり、利用できる時間帯が学年によって決まっている。14時～16時30分は小学3年生～6年生、17時～20時は7年生（中学生）以上20代までが一般的である。屋内にはソファのあるリビングルームやキッチンがあり、TVゲームスペースやビリヤードスペースがあり、ダンスや球技ができるホール、バンド練習室やレコーディング室を備えるところもある（**写真2－5、2－6**）。ユースセンターへ行けば友達やユースワーカーがおり、孤立せずに過ごすことができる。目的はなくただソファで横になって過ごす子もおり、何もしないことを含めて子どもや若者が自由に過ごせる地域の活動拠点なのだ。

来館時にタブレットで受付を済ませた後は、思い思いの場所で好きに過ごす。飲食可能で、自宅からもってきた軽食を温めて食べたり、ユースセンターへ来る道中で買った軽食を持ち込んだり、また活動の一環としてキッチンでクッキングをすることも可能である。特段の活動プログラムはなく、自分のやりたい遊びや活動ができる。ユースワーカーは子どもたちと一緒に遊ぶこともあるが、話し相手や相談相手となり、子どもの活動を支援し、子どもが困った時に助けを求められる存在だ。

年度始めに登録をすることにより首都圏のユースセンターはどこでも利用可能である。掲示板には

写真 2-5　リビングルームでくつろぐ（筆者撮影）

写真 2-6　ホールでドッヂボール（筆者撮影）

写真 2-7　イベントや活動メンバー募集案内（筆者撮影）

サマーキャンプやライブ、ダンスコース募集の案内があり、様々なイベントに参加することができる。金曜日は22時まで開館するところもある（**写真2－7**）。

ユースワークが生まれたのは1970年代にさかのぼる。元々は、若者によるドラッグ使用等の非行防止を狙いとする若者施策として始まったが、現在は、若者の能動的市民性を育み、社会参画の促進、社会包摂や自立支援を目的として運営している。(18) 市の事業の一環として、自分たちが暮らす地域環境をよりよくするために子どもや若者が意見を表明し、手順や方法を学んで社会参画するプログラムもユースワーカーの支援のもとで行われ、ＬＧＢＴが集う場や情報を提供して仲間づくりに取り組むところや、施設を訪れない若者を支援するためにユースワーカーが地域に出て巡回するところもある。

4　公共図書館　――まちのリビングルーム

地域における居場所として公共図書館の存在も見逃せない。近年のフィンランドの公共図書館の発展には目を見張るものがある。公共図書館は教育文化省が所管し「すべての人々に開かれた文化の発信地」として整備されている（**写真2－8**）。「市民のリビングルーム」（Citizen's living room）のコンセプ

写真 2-8　公共図書館は市民のリビングルーム（筆者撮影）

写真 2-9　創作スペースでステッカーづくり（筆者撮影）

写真 2-10　公共図書館にある親子の広場（筆者撮影）

トのもと、従来の本やメディアの貸出、閲覧に留まらず、パヤ(Paja／Maker's space)と呼ばれる創作スペースでは、3Dプリンタやミシンを備えており、材料費を自己負担してものづくりができる（写真2－9）。音楽室があるところでは、楽器演奏の練習やレコーディングができる。新技術を体験して習得できる生涯学習の場として機能する。飲食やPCの持ち込み作業も可能である（写真2－10）。

職員によると「かたくるしい場所ではなく、子どもたちが遊んだり、デートで出かけたり、親子が過ごせるような場所」を目指していて、誰もが気軽に立ち寄り楽しめる身近な地域施設となっている（写真2－11）。地域住民が集う場としてイベントやプログラムも頻繁に開催され、ミニコンサートが開かれたり、「言語カフェ」では言語学習を通して文化を学んだり移民との交流を促したり、さらには高齢者向けの体操プログラムが開かれ、職員が身の上相談にのったり、インターネットを使った手続きを支援することもある。

子どもエリアには、ボードゲームや衣装の貸し出しがあり、TVゲームコーナーがある図書館もある。図書館職員が小学生の宿題をみてあげる「宿題クラブ」の取り組みもみられる。若者エリアのある図書館では、ユースセンターと同様に、気ままに居ることができるたまり場の設えとなっていて、専門家が常駐して若者の相談に応じ、若者の社会的孤立を防ぐ役割も担っている。

国連の発表（2016年）によると、フィンランド人は世界で最も図書館を積極的に利用する国民である。2018年の統計によれば、550万人の国民が年間8450万冊の本を借り（ひとりあたり年間15冊）、年間5000万回利用され（ひとりあたり年間9回）、国民100万人あたりの図書館数も155館と多い（日本は100万人あたり26館）（図2－3）。

日本と異なり学校図書館がないため、就学前施設に通う乳幼児や小学生が保育や授業の一環として本を借りにきたり、読み聞かせのイベントに参加するなど、子どもにとっても日常的に利用する馴染みの地域施設である。

写真 2-11　くつろいでおしゃべりする小学生（筆者撮影）

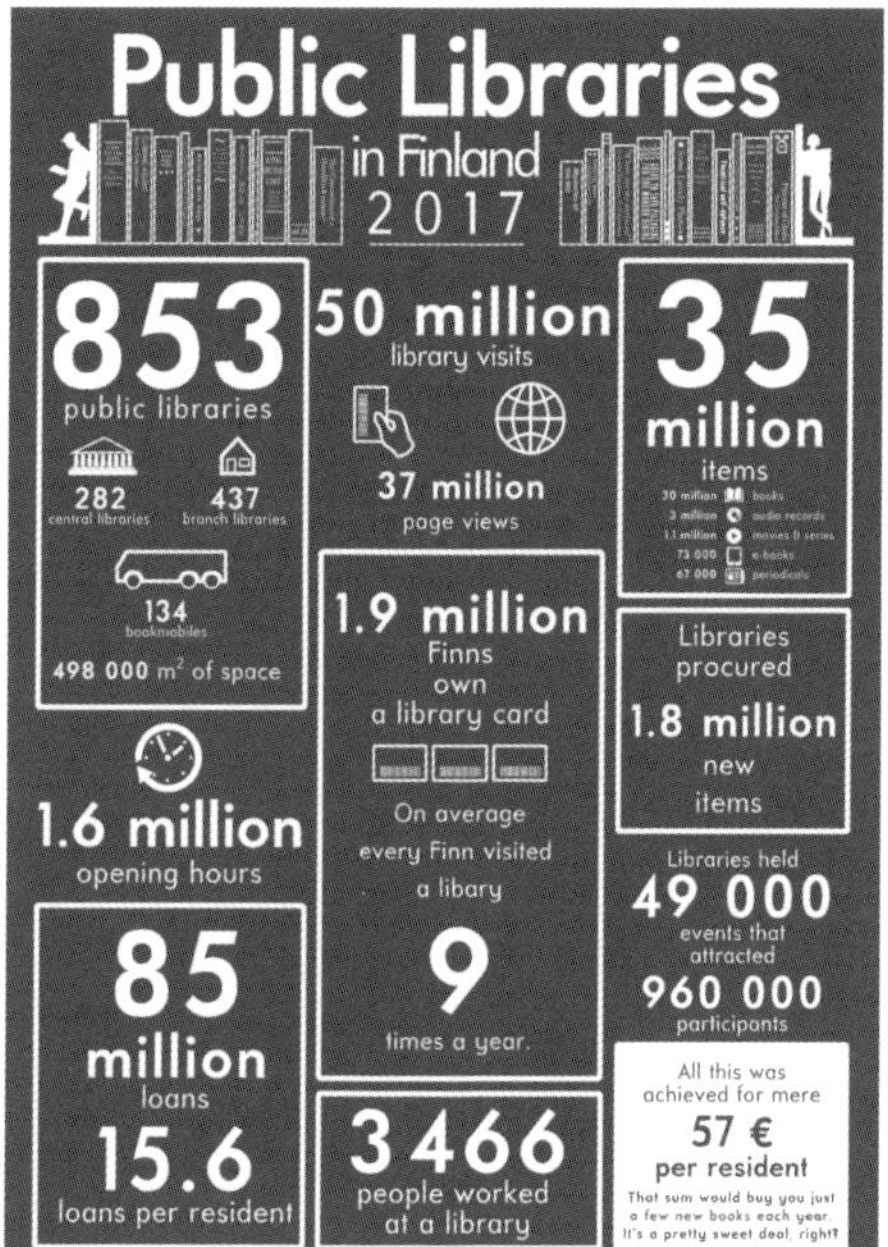

図 2-3　フィンランドの公共図書館
（@Antti Elomaa, 2018）

第三章　大阪の放課後施設と生活

1　地域の中にある学童保育所

大阪市の学童保育所は全国的にみて特異な存在である。利用者である父母自らが場所と指導員を確保し、親同士が協働して運営しているからだ。大阪市の放課後事業は、①留守家庭の小学生を預かる民間の「学童保育」、②小学校余裕教室を利用して安全な遊び場や活動場所を提供する「児童いきいき放課後事業」（以下「いきいき」）の2本立てである。かつては「こどもの家事業」（1989〜2014）と呼ばれる児童館があったが、民間の学童保育へ移行する形で廃止され、勤労青少年ホーム「トモノス」は乳幼児の育児支援施設に転換された。一章で述べたように、今日の学童保育は公設民営が多く、父母による自主運営は少数派である。民家利用も減少しつつあるが、大阪市では小学校で「いきいき」が実施されているため施設を利用できず、やむを得ず民間物件を借用している。

民間物件を学童保育として使用するには、①場所探し、②施設改修、③安定した継続利用という3つのハードルを越えなくてはならない。[19] 物件探しでは、希望条件を満たす物件を見つけ出すのが至難の技で、多くの学童保育所が苦労している。まず、多数の子どもを保育する用途に対して場所を提供してくれる家主はそう多くない。声や振動による騒音トラブルや、物件の損傷を回避したい家主からは断られ、物件を見つけるまでに数カ月かかることもある。父母は仕事の合間を縫って物件を探し、物件が見つかれば家主を見つけて契約や改修について交渉しなければならない。物理的にも時間的にも負担が大きく、「場所があるだけでありがたい」という状況である。幸い、物件が見つかったとしても、借用できたのは結果的に老朽物件であることが多い。物件を保育の用途で使用するためにはたいてい改修が必要であり、入居時の補修や改修では父母会が設備や内装等の改修費を負担している。予算が限られているため必要最低限の補修・改修に留まり、耐震化、避難口確保等の災害対策すら十分にできない場合もあり、地震による倒壊の不安を抱えている。

さらに、毎日の放課後の生活拠点として継続的に使用できる必要があるが、実際には、家主都合による立ち退きや物件の不適切さから、概ね10年に1～2回の頻度で移転を繰り返している。民間物件を継続して使用するには、家主と近隣住民の理解が不可欠であるが、自主努力では限界があるため、公的責任による施設整備補助と物件斡旋の支援が求められる。

こうした状況にもかかわらず、なぜ大阪市の学童保育に注目するのか。

ひとつは、施設や運営における公的支援の乏しさは否めないものの、親同士が協力して営む協働の子育てに豊かさがあるからだ。大阪市の学童保育が抱える課題は大きく、改善のための要求は欠かせない。その一方で、子どもを中心に据え、指導員と父母らが協力しあって子育てするなかに、家族ぐるみの強い絆や生涯続く関係性が形成されている。また、学童保育が制度に先行して発展してきた歴史があり、長い歴史の中で培われた保育実践が充実しており、学童保育所間、指導員間のネットワークも密に形成され、現場レベルでの情報交換が緊密に行われている。

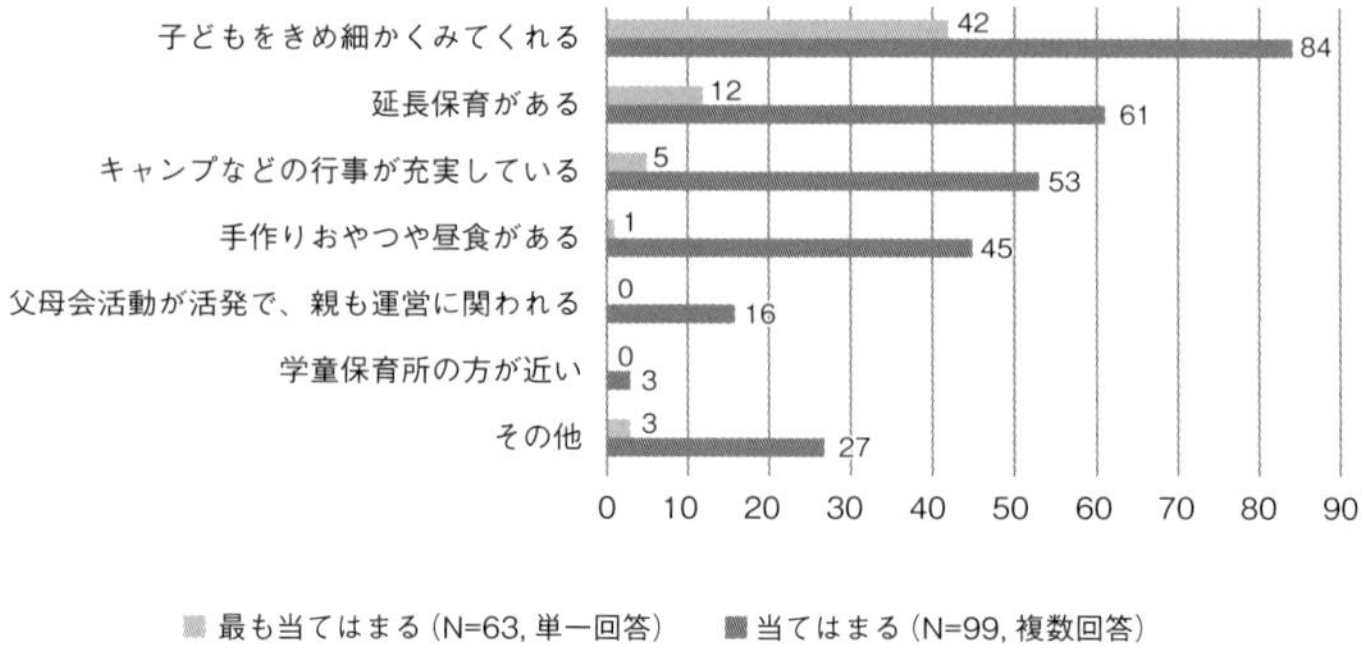

図3-1　学童保育所に入所した理由

もうひとつは、地域の中にある放課後施設に優位性がみられるからだ。過度な安全管理下に置かれやすい学校型学童保育所とは異なり、地域の中にある学童保育所では、地域と関わらざるを得ない。それが結果的に、地域の子どもや大人との交流につながり、子どもが体験的に地域を知ることができるのだ。

学校を活用した「いきいき」との違いは何なのか。大阪市の学童保育を利用する低学年家庭を対象に行った調査（２００４年）[9]によると、「いきいき」に登録している子どもは20％おり、「以前登録していた」（12％）を含めると32％いた。親に対して学童保育所を利用する理由を複数回答で尋ねた結果は、「子どもをきめ細かくみてくれる」（85％）、「延長保育がある」（62％）、「キャンプなど行事が充実している」（54％）、「手作りおやつ・昼食がある」（45％）であり、最も当てはまる理由は「子どもをきめ細かくみてくれる」（42／66）が多かった（**図3−1**）。

親の自由記述では「夏休みや代休でも朝からみてもらえるから」「19時までみてくれるから」「集団で帰宅し、指導員が家まで送ってくれるから」「学童保育が子どもの生活の場になっていたから」「障害児にいろいろな体験をさせてあげられると思ったから」「一人っ子なので兄弟のようなふれあいがあったから」「共働きには学童保育の方がよいと判断したため」「行ってても行かなくてもいいわけでなく子どもをしっかりとみてくれるから」などの意見が寄せられ、共働き家族のニーズに見合った保育内容と保育の質が評価されている。無料の「いきいき」ではなく高い保育料を払っても学童保育を利用する理由がここにある。

2　地域空間が子どもの遊び場

大阪市の学童保育所は民家やテナントを利用しているため、戸外の専用遊び場を備えていない。日常の外遊びには地域の遊び場へ出かけるケースが大半で、室内空間の狭さを補う意味でも戸外の様々な地域空間で過ごしている。地域を舞台に遊びを通して様々な体験を獲得し、地域の大人や子どもとの関わりが持てているのである。[20] ここでは、32〜33頁に示すA〜Dの4つの学童保育所について紹介する。

A学童保育所は長屋が多く残る閑静な住宅地区にある。おやつ後の外遊びでは歩いて5分の公園へ出かけ、公園では遊具で遊ぶ他、泥団子をつくったり、一輪車やボールを持ち込んで遊んだりする。池のある公園も歩いて10分の位置にあるが、線路を渡らなければならず、限られた時間ではなかなか行くことができない。日常的に利用されるのは、学童保育所から徒歩5分以内にある遊び場なのだ。公園には学校の友達がいて合流して遊んだり、思いがけず隣の神社にお参りに来ていた力士に出会ったり、ポン菓子屋に出会うこともある。学童保育所前の道は車の往来がないため庭先空間として使われ、縄跳びや数人でボールで遊んだりするが、近隣には学童保育所OB・OGが多いため子どもたちの道遊びに対する理解が得られており、苦情が出たことはない。隣家に住む親子が帰宅すると、子ど

学童保育所　利用している地域空間・地域施設　調査時点（2007）の情報を基に作成

A 寺・神社が点在し、長屋と路地が残る密集低層住宅地。登録児童数12名　指導員2名

学童保育所前の道：近隣の理解が得られ、鬼ごっこや縄跳び、ボールで遊ぶ。

公園①：地域の子どもと混ざって一緒に遊ぶ。

寺：読書や本を借りる。

米屋：店主と挨拶・話す。

公園②　1日保育では弁当を持って出かける。
駄菓子屋　週1回おやつを買いに行く。
コンビニ・神社　トイレをかりる。
スーパー　おやつ・昼食の材料を買う。
花　屋　誕生日の子へ贈る花を買う。高学年が低学年を連れて行く。
商店街　隣の学童保育所と合同バザーを開く。

B 商店街と工場が残り、大通りに高層住宅・団地が建つ混在地区。登録児童数21名　指導員2名

公園①：ボール遊びの際は指導員が付き添う。

駐車場：隣店の定休日には店の前まで広がって遊ぶ。

銭湯：生活文化を体験する。

公園②　地域の子ども達と話し合い週3日は優先して使う。
公園③　地域主催の祭りに参加し、学童保育の遊びを披露する。
子育て支援センター　学童保育所にはない遊具で遊ぶ。
商店街・駄菓子屋・スーパーなど　おやつや昼食の材料を買う。
駐車場　縄跳び・コマ遊び、もちつき。
小学校①　こども会行事に参加する。　**小学校②**　校庭開放日にを使う。
銭　湯　周辺に4箇所あり、1日保育時に班毎に計画して出かける。

C 団地と戸建住宅が混在する低層な住宅地。登録児童数27名　指導員3名

公園：いつも利用する。行き方を指導した後は子どもだけで自由に行き来する。

河川敷：指導員と散策する。

公園・団地周辺：子どもだけで草花を探しに行くことも（破線エリア）。

公　園　指導員が毎週清掃。ボール遊びは禁止だが指導員が付き添い黙認されている。

集会所　クリスマス会、卒入所式。

小学校　学童保育所主催の運動会を校庭で開催。指導員が学校行事に来賓として招待されたり、教育・子育て相談を受けることもある。

D 駅前商店街があり、路地が多い低層な住宅地。登録児童数11名　指導員2名

公園①：みんなでSケンや木登りする。

公園②：高架下にあるので雨の日に利用する。

駄菓子屋：週１回100円をもらい、おやつを買う。

河川敷：土筆や魚を採る。

スーパー：買い出し・お遣い。

学童保育前の道　水遊びや滞留に利用。ボール遊び・路地への立ち入り禁止、自動販売機・バイクにいたずらしない約束にしている。

スーパー　おやつや昼食の材料を買う。工作に使うダンボールをもらう。冬に暖をとる。

銭　湯　高学年合宿では自転車でいろんな設備がある銭湯へ行く。

バイク屋　一輪車のタイヤに空気を入れる。

もたちは遊びを止めて親子が通れるようにスペースを空け挨拶もする。

1日保育では本を借りに出かけたり、他の学童保育所と合同保育することもある。道中にあるスーパーの警備員や米屋の店主とは顔馴染みで、店の前を通ると「どこ行くんや？」と声をかけられる。「挨拶されたら挨拶させています。挨拶できる子になってほしいので。防犯上の理由から『知らない人から声をかけられたら話さない、立ち去る』と指導されている学校もありますが、指導員である私が地域の大人と挨拶したり立ち話する姿を見て、子どもたちは『(自分が知らなくても)この大人は話して大丈夫な人だ』と認識するようです」と指導員は言う。学童保育指導員が地域の大人と子どもをつなぐ役割を果たしている。

B学童保育所は、古くからの町工場や商店街があるエリアと公営住宅が建ち並ぶエリアが混在する開発地区にあり、大通りに面している。地域の子どもたちと話し合い、大公園を週3回は優先的に利用し、それ以外はすぐ近くの公園を利用する。公園は普段はがらんとしていて静まりかえっているが、学童保育の子どもたちがやってきて、公園に子どもの声が響けばみるみる活気が出て、学童保育の子どもたちが遊び集団の核となって地域の子どもたちを引き寄せている。

土曜日の昼食づくりでは縦割りで組まれた当番の子どもたちが食材の買い出しから調理・片付けまで行っている。子どもたちは地域のお店のことをよく知っていて「○○はA店にある」「B店の方が安い」と情報交換しながら手分けして買いに行く。また周辺には複数の銭湯があり、土曜日や長期休暇の1日保育時に銭湯へ出かける。事前に計画を立てグループで行動する。この銭湯巡りは「家族以外の人と風呂に入ったり、公衆浴場での入浴マナーを体験させてあげたい」「風呂からあがってコーヒー牛乳を飲む生活文化を味わわせてあげたい」という指導員の思いから生まれた取り組みだ。子どもが集団で銭湯に来ることは珍しいため、銭湯の店主にもすぐに顔を覚えてもらうことができる。このように地域空間や地域施設を日常的に利用していると、地域の人から「○○君、○○で見かけたで〜」と教えてもらうこともある。日常の関わりを通して地域に見守りの目が形成されている。

C学童保育所は低層住宅地区にあり、車道を挟んで目の前に公園がある。2年生以上は、学童保育所と公園を自由に行き来するが1年生は入所時に公園への行き方を指導され、必ず年上の子と道を渡る約束になっている。ほぼ毎日公園を使用しているため指導員は公園を清掃している。そのおかげで本来はボール遊びは禁止されているのだが、指導員の監督下ではボール遊びが許されている。公園には地域の人が集まり、子どもたちは小さな幼児と遊んであげる。草木が生い茂った河川敷がすぐそばにあり、指導員が先導して探検するのもわくわくする。

公園を毎日利用しながら指導員は地域の子どもにも目を配っていて、団地駐輪場の屋根に登っている子や、未成年の若者が溜まってタバコを吸っているのを見かけたら注意しており、指導員は地域の子どもや中高生からも認知されている。このような地道な取り組みの積み重ねにより、子どもに関する相談のために指導員を訪ねる学校の先生や校長先生もおり、地域から頼りにされている。小学校の入学式や卒業式、さらには運動会に来賓として招待されるまで認められている。

D学童保育所は住宅密集地区にあり、周辺には公園が複数あり、商店街や河川敷にも恵まれている。前面道路は道幅が狭く、車や自転車の往来が少ないため跳んだり跳ねたりの庭先遊びがみられる。普段は商店街を抜けた先にある公園へ出かけるが、雨の日は徒歩8分の位置にある高架下の公園を利用している。

子どもたちが楽しみにしている取り組みのひとつに「買いおやつ」がある。毎週水曜日に100円をもらって商店街にある駄菓子屋へおやつを買いに行く日であり、好きなおやつを選んで食べることができるのだ。駄菓子屋では「いくらですか」「おつりは300万円ですよ」と、店員とやり取りしながら買い物する。指導員によると「道中でお金を落として大騒ぎになり、みんなで探したりすることもあるが、子どもたちはすごく楽しみにしている」し、店の人と交流したり、お金の計算をしたり、買い物を体験したりと、よい経験になっている。商店街が近いので子どもにお遣いを頼むこともある。筆者が訪問した日は、川で釣れた魚を指導員が揚げている最中だった。調理中「サツマイモを買ってきてほしい」と頼まれた4年生のAくん。ひとりでお遣いに行くのが初めてだったようで、しばらく葛藤した後、覚悟を決めて商店街の八百屋へ走って行った。保育施設というより、まるでよその家庭にお邪魔しているようだった。

3　異年齢集団での育ち合い

2015年に国の設置運営基準が変わり、学童保育所は6年生まで受け入れることになった。大阪市の学童保育は国に先駆けて6年生までを対象とし、障害児については中学3年生まで受け入れ、学校とは異なり学童保育所では異年齢での集団生活が基本である。

高学年がいることで何が違うのか。まず、遊びがダイナミックになる。学童保育所でお馴染みの遊

写真 3-1　低学年におやつを配ってあげる高学年（筆者撮影）

びに「けん玉」があり、技や回数を競い、真剣勝負が繰り広げられる。「もしかめ」のリズムにあわせて夢中になって練習し、連続してできるようになった時には嬉しさと達成感でいっぱいになる。自分より上手な年上の子がすいすいと技を披露する姿に憧れたり、負けじと練習したり。高学年がいることでより深く遊び込むことができる。

公園での鬼ごっこでは遊具も利用することが多く、ダイナミックな動きとなる。高学年がいると、メンバーによって遊びのルールを柔軟に変更し、体力差のある低学年にはハンデをつけ、みんなが遊びを楽しめるように気を配ってくれる。これが、低学年だけの場合には様相が異なる。遊びの最中にトラブルが起きることがよくあるのだが、自分たちで話合って解決することが難しいため大人の仲裁が必要になることが多々ある。遊びを始める前にルールについて確認したり、ルールを守れなかったときにどうなるかを確認をしてから遊ぶ必要がある。高学年がいると、指導員の代わりに低学年の言い分を聞いたり、思いが通らず機嫌を損ねたり泣いたりする子をなだめてくれ頼りになる。けんかを通して人の気持ちを思いやることや我慢することを学んだり、親以外の他者におんぶや抱っこをしてもらって甘えるなど、まるで、きょうだいのように深く関わるのは長子やひとりっ子の多い現代の子どもたちにとって貴重な体験だ。関わり合いを通して「大きくなったら○○ちゃんみたいになりたい」と低学年の憧れや目標となる。

遊びだけでなく子どもによる自治的活動も活発になる。学童保育所では日常的に縦割り当番活動があり、おやつや昼食づくりや掃除を分担している（**写真3－1**）。多くの学童保育所でおやつづくりや昼食づくりに取り組んでいて、子どもたちがメニューを考える。1年生から包丁を使って皮をむいたり切ることがあるが、指導員だけでなく高学年が目をかけ教えてくれる。調理の後片付けでは、高学年から皿の拭き方やしまい方を教わり（**写真3－2**）、ほうきの使い方も習う。年下の子は年上の子の真似をして生活スキルや振る舞いを学んでいく。さらに、行事や活動の話し合いでは高学年が活躍する（**写真3－3**）。C学童保育所では、保育料を安価に設定して高学年をサブリーダーとして位置づけ、年下の子たちのまとめ役としてリーダーシップの育成をはかる。高学年の子も低学年や周囲から頼られる経験を通して自信をつけて育っていく。

放課後施設では、障害児も利用し、大阪市の学童保育所の8割が受け入れている。田村・小伊藤の研究[21]では、放課後施設での障害児と健常児の交流に着目しており、調査の結果、障害児には発達障害を抱えた子どもが多いこと、さらに、「いきいき」では障害児と健常児の交流が少なく、指導員との交流が主となっていたのに対し、学童保育所では、班活動を通して、両者に成立した交流が生まれていた。

発達障害とは、脳機能の発達のアンバランスさによって得意なことと苦手なことの差が大きく、その特性によって日常生活に支障がある状態を指す。人の気持ちを想像したり理解するのが苦手、忘れ物が多い、じっとしていられない、特定分野の学習が極端に困難であるなどの特徴を持つ。外見からは障害と認識されないため他者に理解されにくい。そのため他の児童と友好的な交流を持つことが困難で衝突したり、ひとり遊びになりやすく、孤立したり、不安やストレスからパニックを起こすこともある。学童保育所では、日々の継続的な生活により、障害児は慣れた集団の中で社会生活を営むうえの適切な行動や人との関わり方を学び、他方、健常児は生活を共にして関わることによって障害児の個性を体験的に理解し、関わり方を学び合っている。

写真 3-2　縦割班でおやつの片付け（筆者撮影）

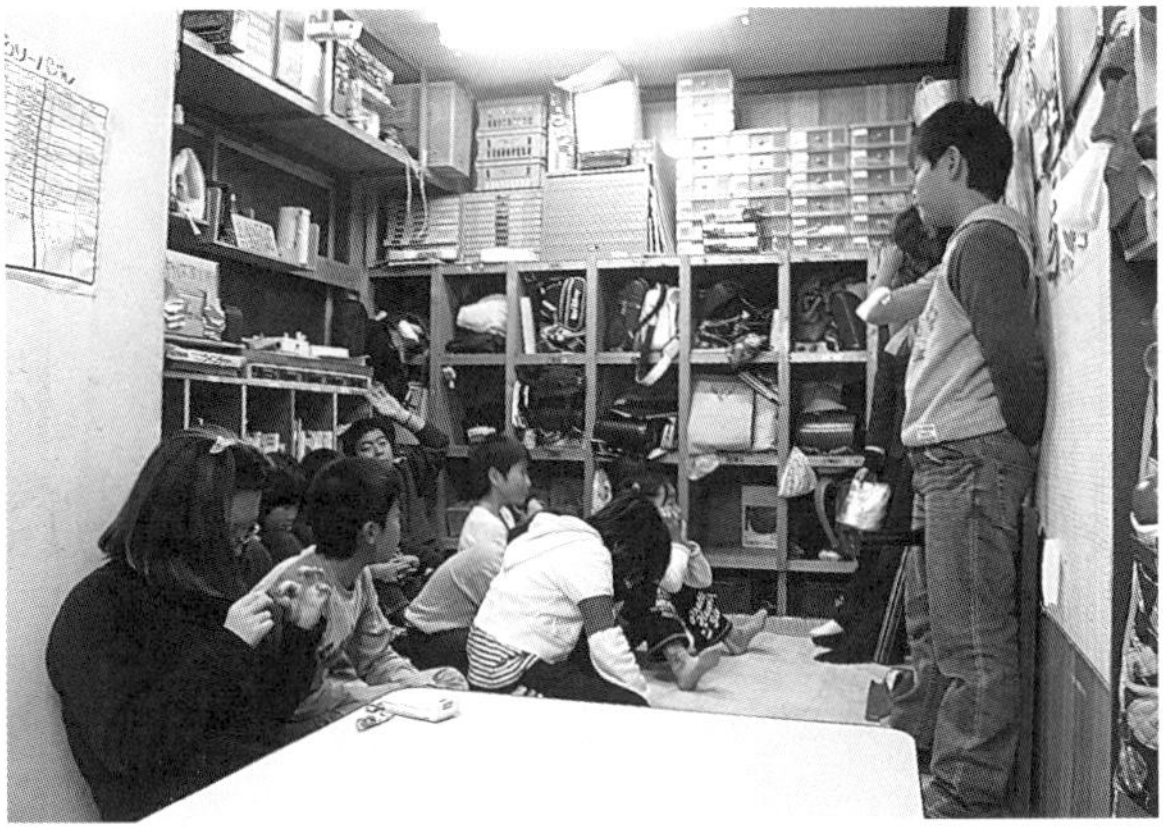

写真 3-3　みんなで話し合い（筆者撮影）

表 3-1　保育中の出入りに対する対応

事例	登録児童数(名)				保育体制	※	塾・習いごとへ行く場合		学童保育以外の友だちと遊ぶ場合	
	総数	低	中	高			可否	対応方針	可否	対応方針
a	12	8	2	2	2	6	○	低学年児童が退出する場合、親に所在確認のメールを送る。	×	学童保育を休むか、友だちに公園か学童保育所に来てもらい、学童保育所の外で遊ぶ。
b	44	20	12	12	4	11	○	−	×	学童保育を休むか、公園で遊ぶ約束をする。施設の狭さと怪我等に対する責任がとれないため、未登録児童は学童保育所内に入れない。
c	11	6	3	2	2	5.5	○	−	△	学童保育を休むか、友だちを学童保育所に招く、若しくは公園で遊ぶ約束をする。基本的に学童保育の集団を離れて友だちと遊びに行くことはできないが、高学年については制限していない。
d	27	10	5	12	3	9	○	家庭の責任で可能。	○	家庭の責任で可能。出かける場合、指導員に行き先と戻る時間を伝える。親が不在の家には行ってはいけない。友だちを学童保育所に招くことは歓迎。
e	21	10	7	4	2	10.5	○	遅い時間帯に子どもだけで戻る場合、学童保育所へ電話する。	△	学童保育を休むか、友だちを学童保育所に招く。特に低学年児童については、友だちに学童保育所へ来てもらう。4年生以上については、親の確認の元で、友だちと遊びに行くことができる。
f	70	37	25	8	4	17.5	○	(大変だが) 各家庭と相談して個別に対応する。	×	学童保育を休むか、公園で遊ぶ約束をするか、友だちを学童保育所に招く。
g	20	10	4	6	2	10	○	できる限り、保育時間外に行ってもらうように相談する。	△	基本的には、公園で遊ぶ約束をするか、友だちを学童保育所に招く。友だちの家に行く場合、親の許可を得る、友だちの家庭状況を知らせる、約束の時間に帰るなどの条件を満たす必要がある。
h	40	20	15	5	4	10	×	指導員が個々人の全てに対応できない。学童保育所から出た後は保護者の責任とする。	×	一度学童保育所を出たら戻れない決まりになっている。友だちに広場へ来てもらうことを基本とする。子どもの成長に応じて親と相談しながら対応を考える場合もある。

登録児童数：上段は登録児童の総数、下段は学年別の人数を表示
(低：1～2年生　中：3～4年生　高：5～6年生)
保育体制：通常の保育時間における指導員数（人）
※ 指導員ひとりあたりの児童数（名／人）

○：一時退出した後も学童保育所に戻ることができる
△：条件を満たせば、一時退出した後も学童保育所に戻ることができる
×：学童保育所から退出したら戻ることができない

4　発達段階に応じた生活づくり

子どもの学年が上がるにつれ、興味・関心や活動が広がり、学校の特定の友達と遊びたいという欲求が高まるのは自然なことである。ところが放課後施設では一般的に保育中の外出を認めていないケースが多い。このような子どもの自然な欲求に対して大阪市の学童保育所はどのように対応しているのか。

表3−1は、保育中の子どもの出入りに対する対応方針をまとめたものである。子どもの成長とともに塾に通ったり習い事をする子は増え、8例中7例が保育中の外出を認めていた。同じ習い事に通う子が一緒に習い事先へ出かけたり(**写真3−4**)、ひとりで出かける時はA学童保育所のように出発時と帰着時に親へメールを送ることもある。子どもが携帯電話を持っていない場合は、習い事先から親へ電話して安否の確認をすることもある。一

方、外出を認めていない学童保育所に保育中の出入りを禁止する理由をたずねたところ、「子どもの所在把握が難しいため」だった。バス等の公共交通機関を利用する子が複数おり、移動中に連絡がつかなくなった場合に捜索が困難であるためだといい、父母会で話し合って禁止を決めているという。

一方、学童保育以外の友達と遊びたい場合はどうしているのか。これは、学童保育所により対応が異なり、条件付きで外出を認めるところと外出を認めていないところがある。

外出を認めていたのは、「学童保育所から出た後は、親が責任を持つ」との合意が取れているケースであり、さらに「大人のいない家へ行かない」「行先と戻る時間を伝える」などの約束を守ることで外出ができている。また、子どもの年齢を考慮し親と協議したうえで外出可能とするケースもある一方、外出を認めない代わりに、友達に公園へ来てもらって一緒に遊ぶことで対応しているケースもある。

6年生まで在籍した子どもたちの一大イベントに、卒所旅行があるE学童保育所では、卒所旅行で青春18切符を使って旅に出る。6年生が話し合って行先を決め、指導員は6年生の活動をサポートする。旅行資金は、廃品回収によって得た収益の積み立てから捻出するため、手作りの卒所旅行は生涯忘れることのできない思い出になっており、そのような6年生を見て下学年の子どもたちも楽しみにしている。

写真 3-4　学童保育所から習い事へ出かける（筆者撮影）

おわりに ――豊かな放課後施設とは？

本書では、近年の囲い込む形で整備が進む放課後施設の有様に対する問題意識から、大人の支援を必要としながらも大人の監督下から離れて交友関係や活動を広げ、飛躍的に成長する学童期の放課後の居場所に焦点を当て、地域の中で子どもが育つ放課後施設と放課後の生活像を描くことを試みた。フィンランド・ヘルシンキ市では、発達段階を考慮した施設が複数用意され、同時に子どもだけで安全に移動できる都市空間が整備され、子どもの意志で居場所を選択して過ごすことができていた。大阪市では、学童保育所周辺の地域空間や地域施設などの地域資源を使いこなして放課後生活を展開しており、地域の人やものと関わりながら、異年齢集団での遊びと生活を通して子どもが育ち合っていた。

以上の2事例から、子どもが自ら健やかに育ち、地域の大人や子どもとの交流をもてる豊かな放課後生活を保証する放課後施設の概念図（**図4－1**）と、放課後施設に求められる条件を提示してまとめとしたい。

①遊ぶ友達がいる

子どもが育つうえで遊び仲間の存在は欠かせない。家族や身近な大人とは異なる対等な関係にある友達と関わり、共感したり競争して切磋琢磨したり交渉したりする経験を通して子どもは育つ。人と

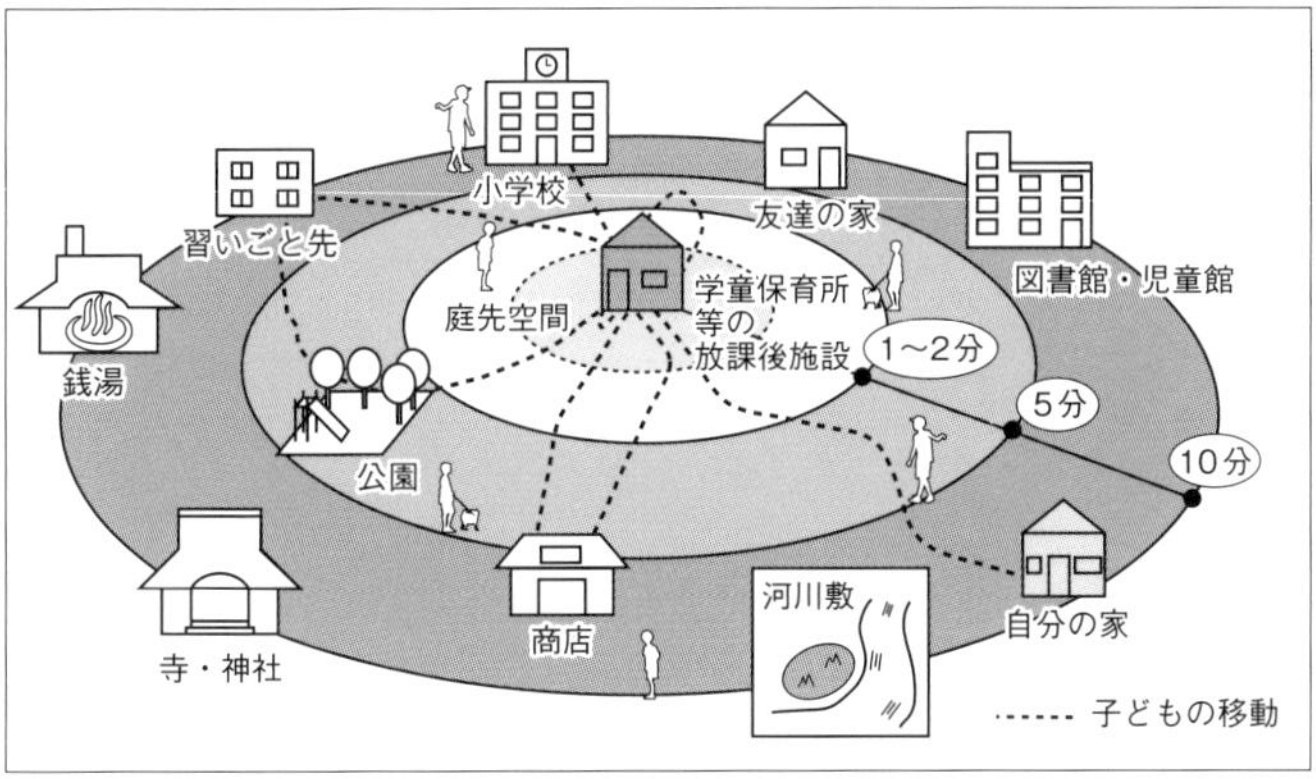

図 4-1　地域でこどもが育つ放課後施設

の関わりを通して自分を知り、時に我慢したり人の気持ちを思いやり感情をコントロールすることも学ぶ。同学年・同年齢だけでなく、年上、年下など、多様な人間関係の中で育つことでより豊かな体験を得て社会性が育まれる。

②安心して遊べる空間が豊富にある

放課後施設周辺に安心して遊べる空間が豊富にあることが望ましい。日常的に利用できる範囲は、筆者の調査結果から概ね子どもの足で徒歩10分以内であり、安全に移動できるように面的につながっていることが必要である。こうした視点を施設づくりや地域計画にも組み込むべきである。

③地域の大人との関係ができている

大阪市の学童保育所では、地域を利用して放課後を過ごしており、公園や店を利用することで見守りの目が形成され、子どもが安心して遊べることにつながっていた。不信感が先立つような状況のなかでは、子どもだけで安心して地域空間で過ごせず、目標に向かって挑戦することもできない。

④やりたいことを自分の裁量で決めることができる

好きな活動ややりたい活動だけでなく、ぼーっとしたり、気分や体調によって休息することも保証される必要がある。子どもの意思が尊重され、強制されることなく、遊ぶ場所や時間、相手を選択できることが望ましい。暇な時間や何もしない時間、無目的な行為は避けられがちであるが、親の心配から子どもの生活をスケジューリングすることは避けるべきである。

⑤発達段階に応じた活動ができる

子どもが成長する過程で、特定のスポーツや文化・芸術活動に興味を持ったり、気の合う友達と過ごしたい気持ちが強くなるのは自然な欲求である。1989年に国連が批准した「子どもの権利条約」第31条には、休息、余暇、遊び、レクリエーション活動、文化的生活および芸術に対する権利が位置付けられており、より積極的な実現が求められる。子どもの安全を守るという名目の下に子どもの豊かな体験の機会が失われないよう配慮する必要がある。

(1)千葉大大学院園芸学研究科木下研究室が行った調査。調査時期は2017年10月~2018年12月。
(2)OECDが15歳児を対象に3年毎に実施している国際学習到達度調査において、2003年及び2006年の調査結果が2000年の結果より急落したことから、ゆとり教育への疑念が高まった。
(3)厚生労働省「第9回21世紀出生児縦断調査(平成22年出生児)の概況」2020
(4)文部科学省「地域の教育力に関する実態調査」2005
(5)仙田満「子どもとあそび」岩波新書、1992
(6)厚生労働省「国民生活基礎調査の概況」2019
(7)全国学童保育連絡協議会「学童保育情報2019-2020」2019
(8)厚生労働省「放課後児童クラブの概況」2020
(9)塚田由佳里「共働き・ひとり親家庭における子どもの放課後の生活に関する研究 ―大阪市・神戸市

内の民設型学童保育所を利用する家庭を対象に―」、大阪市立大学大学院生活科学研究科修士論文、2005（未公刊）。大阪市、神戸市の民設型学童保育所を利用する低学年家庭（1～3年生）に対して行ったアンケート調査。大阪市17件、神戸市15件の協力を得て配布回収した。調査時期は2004年7～11月。大阪市99、神戸市120の回答を得た（有効回答率はそれぞれ26・1％、32・8％）アンケートは、親への質問と子への質問から構成される。

（10）塚田由佳里・小伊藤亜希子「学童保育所の整備状況と地方自治体の対応からみた施設整備課題―国の大規模保育解消策とガイドラインへの対応を中心に―」日本建築学会「技術報告集42号」所収、683－688頁、2013

（11）ピーター・グレイ著、吉田新一郎訳「遊びが学びに欠かせないわけ―自立した学び手を育てる―」築地書館、2018

なお、グレイ氏は、子どもが自ら育つ能力を最大限に発揮する条件として、①遊びと探求するための時空間、②年齢に関係なく自由に交流できること、③知識があり思いやりのある大人との交流、④様々な設備・備品を自由に使えるアクセシビリティ、⑤自身の考えを表現し自由に意見交換できること、⑥いじめからの解放、⑦民主的なコミュニティを挙げている。

（12）Statistics Finland, https://www.stat.fi/index_en.html（2020年3月21日アクセス）

（13）B.Shaw, M.Bicket, B.Elliott, B.F.Watson, E.Macca and M.Hillman,"Children's Independet Mobility: an international comparison and recommendation for action", Policy Studies Institute Faculty of Architecture and the built Environment, Universiry of Westminster, 2015

（14）M.Kyuttä,M.Oliver,E.Ikeda,E.Ahmadi,I.Omiya and T.Laatikainen,"Children as urbanities: mapping the affordances and behavior settings of urban environments for Finnish and Japanese children", Children's Geographies,vol.16,2018

（15）『Yle』2017.10.28 "Suomalaislapset kulkevat vapaammin kuin lapset muualla – Tutkija: "Tästä

kannattaa pitää kynsin ja hampain kiinni" Suomalaislapset kulkevat vapaammin kuin lapset muualla –"
https://yle.fi/uutiset/3-9901327（２０２０年３月21日アクセス）
（16）フィンランドの学童保育は、朝放課後活動（aamu-ja-iltapaiva toiminta /morning-afternoon activities）と呼ばれる。対象は１・２年生と13歳までの特別なニーズを持つ子であり、居住する自治体へ申請が必要である。日本と異なるのは、放課後の時間だけでなく、始業前にも実施される点であり、利用時間と利用日数により利用料が異なることが法律に明文化されている。自治体が実施の有無を含め決定し、運営方法や開設場所は異なり、ヘルシンキ市では、レイッキプイストに加え、学校施設、教会等の子どもにふさわしい施設を用いて開始された。フィンランド教育省のデータベースによると、２０１６年度の１年生の半数以上が参加している。
（17）塚田由佳里「フィンランドの子どもの居場所と放課後施策」かもがわ出版「学童保育研究19」所収、１３４－１２８頁、２０１８
（18）Sari Höylä“Youth Work in Finland”HUMAK University of Applied Sciences, 2012
（19）塚田由佳里・小伊藤亜希子「学童保育における民家等活用プロセスと施設整備の実態 ―大阪市のケーススタディー―」日本建築学会「計画系論文集７５０号」所収、１４２５－１４３５頁、２０１８
（20）塚田由佳里・小伊藤亜希子「民家等を利用した学童保育所にみる「拠点性」の利点と成立条件 ―大阪市の事例調査より―」日本建築学会「計画系論文集６４５号」所収、２３１９－２３２８頁、２００９
（21）田村京子・小伊藤亜希子「放課後活動施設における障害児と健常児に交流が生まれる空間 ―児童いきいき放課後事業、大阪市放課後児童クラブを事例として」「学童保育第９巻」所収、２０１９

〈執筆者〉

塚田由佳里

同志社女子大学生活科学部人間生活学科准教授。大阪市立大学大学院生活科学研究科後期博士課程単位取得退学。博士（学術）。定時制高校、小学校、特別支援学校に勤務後、フィンランド・アアルト大学客員研究員（都市計画及び建築）、仙台高等専門学校助教（建築デザイン）を経て2020年より現職。子どもの住環境、共働き家族の暮らしに関心を持つ。主な著書に「こどもを育む生活空間」かもがわ出版（共著）ほか。

西山夘三記念 すまい・まちづくり文庫（略称：西山文庫）**について**

わが国の住生活及び住宅計画研究の礎を築いた故京都大学名誉教授西山夘三が生涯にわたって収集・創作してきた膨大な研究資料の保存継承を目的として1997年に設立された文庫で、住まい・まちづくり研究の交流ネットワークの充実、セミナーやシンポジウムの開催、研究成果の出版などを行っています。「人と住まい文庫」シリーズは、すまい・まちづくりに関する研究成果をより広く社会に還元していくための出版事業であり、積水ハウス株式会社の寄付金によって運営されています。

地域のなかで子どもが育つ学童保育

～ヘルシンキ・大阪の放課後～

2020年10月1日発行

著　者　塚田由佳里
発行者　海道清信
発行所　特定非営利活動法人 西山夘三記念 すまい・まちづくり文庫
〒619-0224　京都府木津川市兜台6-6-4 積水ハウス総合住宅研究所内
電話　0774（73）5701
http://www.n-bunko.org/
編集協力　アザース
デザイン　松浦瑞恵
印　刷　サンメッセ株式会社

Printed in Japan
ISBN978-4-909395-06-1